Myrtha Kaufmann
Ameise auf dem roten Kontinent

 **Myrtha Kaufmann** (*1944 in Stettfurt, Schweiz) besuchte nach der Absolvierung der Pflichtschule eine Haushaltungsschule, machte danach eine bäuerliches Haushaltungslehrjahr und schliesslich eine Ausbildung zur Kleinkinderzieherin. Nach verschiedenen Jobs und Sprachaufenthalten in England und Frankreich heiratete sie 1969 und unterstützte ab da ihren Mann, mit dem sie zwei Kinder bekam, im Familienbetrieb. 2009 begann sie mit ihren Fahrradtouren, die sie in die verschiedensten Teile der Welt führen sollten. Im Sommer 2025 möchte sie die Mongolei mit dem Velo erkunden.

Myrtha Kaufmann

Ameise auf dem roten Kontinent

Tagebuch einer Veloreise durch Neuseeland und
Australien

Bibliografische Information der Deutschen Nationalbibliothek: Die
Deutsche Nationalbibliothek verzeichnet diese Publikation in der
Deutschen Nationalbibliografie; detaillierte bibliografische Daten
sind im Internet über dnb.dnb.de abrufbar.

Lektorat und Korrektorat: Karl Mellacher, Graz

Verlag: BoD · Books on Demand GmbH, In de Tarpen 42,
22848 Norderstedt, bod@bod.de
Druck: Libri Plureos GmbH, Friedensallee 273, 22763 Hamburg
ISBN: 978-3-7597-6815-5

Inhalt

Als mein Mann 2003 an einem schrecklichen Hirntumor starb, war nichts mehr wie vorher. Ich stürzte mich zuerst in die mir verbliebene Arbeit und entschied mich sechs Jahre später dazu, eine Auszeit zu nehmen.

Ich kündigte meinen Job bei der Post, verkaufte meine Geschirrvermietung und schloss meine Katzenstube für drei Monate. Ich kaufte mir ein hochwertiges Tourenrad und überredete die Mitarbeiter meines Fahrradladens, mir die Grundlagen der Fahrradreparatur wie Reifenflicken und die Kontrolle der Bremsen beizubringen. Ausserdem kaufte ich vier Satteltaschen, eine grosse Tasche für den Gepäcksträger, zwei Veloschläuche, Flickmaterial und einen Schlüssel, um die Pedale abzuschrauben, da ich mit dem Flugzeug zurückkehren wollte und ich dafür das Rad in einen Karton verpacken musste.

Ich fuhr mit dem Ziel los, von der Schweiz nach Santiago de Compostela in Galizien, Spanien, zu radeln. Da diese Radtour ein grosser Erfolg war, entschied ich mich später dazu, noch mehrere solcher Reisen zu machen: 2010 radelte ich zum Nordkap, 2011 – wieder der Jakobsweg – auf dem Via de la Plata von Sevilla nach Santiago de Compostela, 2012 nach Hammerfest und 2014 auf dem Alaska Highway von Anchorage nach Calgary. 2016 fuhr ich mit einer Freundin den Nordseeküstenradweg.

.Nachdem ich nun schon sechs lange und erfolgreiche Touren hinter mir hatte, wollte ich auch noch Neuseeland und Australien abradeln. Mein – zugegebenermassen ehrgeiziges – Ziel war es, drei Jahre lang auf meinem Stahlesel zu reiten. Die Tour sollte ein halbes Jahr auf den beiden Inseln Neuseelands und ein Jahr rund um Australien beinhalten. Anschliessend wollte ich nach Ushuaia in Argentinien fliegen, und von dort der Westküste des Doppelkontinents entlang nach Norden bis nach Vancouver radeln.

Neuseeland

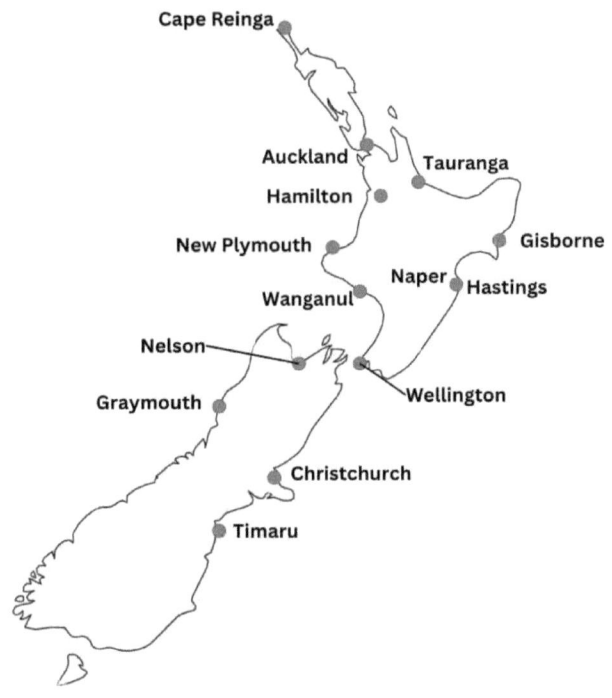

Trick 77 und die rettenden Engel der Nordinsel

12.9.2018

Pünktlich um zwölf Uhr mittags landete ich nach einem angenehmen, ruhigen Flug in Auckland. In der Schweiz hatte ich gesehen, dass es ganz in der Nähe des Flughafens von Auckland einen Fahrradladen, den Natural High Shop, gab. Dort wollte ich fragen, ob sie meinen Fahrradkarton sechs Monate lang für mich aufbewahren könnten. Daher checkte ich im Airport Kiwi Hotel ein, das nahe lag, aber leider wenig an Hygiene und Komfort bot. Um zum Natural High Shop zu gelangen, meldete ich mich beim Help Desk am Flughafen an. Der ältere Angestellte dort erklärte mir, dass es weit draussen eine kleine Strasse gebe, in der sich der Laden befinde.

Auf einem grossen Parkplatz sah ich einen Shuttlebus stehen, ging hin und fragte, wie weit es zum Fahrradladen sei. „Den gibt es nicht", meinte der Fahrer lakonisch. Er arbeite schon seit zwanzig Jahren in diesem Beruf und habe dieses Geschäft noch nie gesehen. Zur Sicherheit schaute er aber auf Google nach und siehe da, er fand ihn. „Komm, steig ein!", meinte er, „ich habe ja sowieso nichts Besseres zu tun." Geld nahm er keines von mir dafür: „You know, Kiwis do that."

Da hatte er Recht, diese Grosszügigkeit erlebte ich jeden Tag, den ich in Neuseeland verbrachte.

Am nächsten Tag musste ich nochmals hin, da der Laden am Vortag geschlossen war, um abzuklären, ob ich nun meine Veloschachtel dort lassen könne oder besser im Geschäft eine neue kaufen solle. Der sehr hilfsbereite Geschäftsführer bot mir an, meinen Karton für zwanzig Dollar pro Monat sechs Monate lang aufzubewahren. Ich war mit dem Angebot einverstanden und konnte nun ohne Sorgen meine Tour starten.

15.9.

Ich verliess das Airport Kiwi Hotel und radelte auf einer ebenen Strasse zuerst nach Manukau und dann nach Papakura, zwei Vororte von Auckland. Danach führten allerdings mehrere Steigungen einen Berg hinauf.

Schon bald verkrampften sich meine Beine und ich dachte daran, einfach bei einem Haus zu läuten, um zu fragen, ob ich eventuell im Garten mein Zelt aufstellen könnte. Da kam ein rettender Engel und fragte: „Do you want a ride?" Ich sagte natürlich erfreut ja. Er hob mit seinen kräftigen Armen mein Rad in seinen Van und los ging es über viele Steigungen. Der Fahrer setzte mich erst ab, als es wieder flach wurde. Er lud mich sogar zum Lunch zu sich nach Hause ein, was ich aber ablehnte, denn schliesslich hatte er mich auf der Strasse aufgelesen. Er wollte mich aber unbedingt näher kennenlernen und so führten wir während der gemeinsamen Fahrt, die sich dann schlussendlich über vierzig Kilometer hinzog, ein sehr langes und gutes Gespräch.

16.9.

Anfangs flach, dann aber harzig, so kann ich die Küstenstrasse beschreiben. Wie zwei Tage zuvor gab es wieder zwei Pässe zu überqueren. Am Fuss des ersten Passes waren Strassenarbeiter beschäftigt und deren Chef bot mir sofort an, mich über den Pass zu fahren, was ich natürlich gerne annahm. Ich bedankte mich ganz höflich dafür, schüttelte seine Hand, aber er meinte nur; „Oh, that's okay."

Schon bald folgte aber wieder ein Pass und ich hatte einfach zu viel Gewicht, um das alles über den Berg zu schieben. Also lud ich eine Tasche ab und stellte sie an den Strassenrand, um sie später, nachdem ich mein Velo hundert Meter den Berg hochgeschoben hatte, zu holen. Alsbald kamen zwei Burschen mit einem Boot auf einem Anhänger vorbei, blieben stehen und fragten mich, ob ich mitwolle, sie führen nach Coromandel. Ich wusste, dass es dort einen Campingplatz gab, und nahm das Angebot der beiden gerne an.

Ich fand in Coromandel dann aber ein angenehmes Motel, das Zimmer in verschiedenen Preisklassen anbot. Ich war heilfroh, dass ich mich für das Motel entschieden hatte, denn es war ein nebelreicher Nieseltag, und nahm gleich ein Zimmer für zwei Nächte.

In der Hoffnung, dass am nächsten Tag das Wetter wieder etwas freundlicher werden würde, wollte ich dann meine Reise fortsetzen. Bis jetzt hatte ich die Kiwis als ein freundliches, hilfsbereites und aufgeschlossenes Volk kennengelernt. Wo ich vorbeikam, wurde gewinkt oder ich wurde gefragt, wohin ich fahre und woher ich komme.

20.9.

Hudelwetter begleitete mich den ganzen Tag. Ich hatte Glück, denn ein Busfahrer hatte Platz für mein Rad und nahm mich mit. Ich war froh über die Mitfahrgelegenheit, denn es gab dichten Nebel, starke Böen und es war auch sehr kalt. Ich fuhr bis Whenuakite mit, dort setzte er mich vor dem Holiday Inn ab und meinte, ich solle bis zum nächsten Tag dort bleiben. Trotz des schlechten Wetters beschloss ich aber, noch bis in das zwanzig Kilometer weiter entfernte Dorf Tairua zu radeln. Bei Sturm und Regen schob ich tapfer mein Rad zum Pass hinauf.

Diesmal hatte ich kein Glück mit Mitfahrgelegenheiten, anscheinend war ich den Kiwis zu nass. So wendete ich meinen Trick 77 an und liess meine Tasche am Strassenrand stehen, eigentlich um sie, nachdem ich mein Rad dann zirka hundert Meter weiter hinaufgeschoben hatte, nachzuholen. Ganz schnell bemerkte ich, wie klug das war, denn die Kiwis brachten sie mir immer hinterher, da sie glaubten, ich hätte sie vergessen oder verloren. Sehr höflich bedankte ich mich dann immer, schaute zurück, wartete, bis sie verschwunden waren, und schob mein Rad dann ohne Tasche wieder weiter. So kam ich relativ zügig mit weniger Gepäck den Berg hoch.

Ich erreichte dann zwei Stunden später das hübsche Städtchen Tairua, wo ich dann in der Beach Villa, direkt am Meer, eine schöne Bleibe für zwei Tage fand. Sie war sauber, so wie es bei den Kiwis halt sauber ist. Das Preis-Leistungsverhältnis stimmt meiner Meinung nach in Neuseeland hinten und vorne nicht. Aber die

Menschen sind sehr hilfsbereit und aufgeschlossen. Problemlos findet man sehr schnell Anschluss.

21.9.

Auf dem Weg nach Whangamata wurde ich schon wieder mit einer steilen Passstrasse konfrontiert. Wieder wendete ich meinen Trick 77 an und siehe da, schon nach fünf Minuten stoppte ein Ehepaar und fragte mich, ob ich ihnen nicht die Tasche mitgeben wolle. Ja, wenn sie nach Whangamate fahren, dann könnten sie die Tasche dort an der Rezeption des Campingplatzes abgeben. Sie meinten, es sei besser, wenn sie die Tasche zu sich nach Hause mitnähmen. Wir tauschten unsere Telefonnummern aus und zwei Stunden später holte ich die Tasche bei ihnen ab. Glücklicherweise wohnten sie gleich um die Ecke vom Campingplatz.

Leider war mir beim Zelt eine Stange gebrochen und daher musste ich am nächsten Tag zum Baumarkt gehen und dort fragen, ob sie mir helfen könnten. Von dort wurde ich zur Eisenwarenhandlung geschickt, weil die Angestellten des Baumarkts meinten, dort hätten sie bessere Möglichkeiten. Der hilfsbereite Verkäufer der Eisenwarenhandlung montierte mir eine Plastikhülse auf die Stange. Wie lange die halten würde, stand in den Sternen. Zur Sicherheit kaufte ich zwei weitere Hülsen.

22.9.

Die Gegend um Waihi sieht wie bei uns im Toggenburg aus. Die Besitzerin des Campingplatzes musste eine Maori sein, von dieser Sorte hatte ich schon einige hier in Neuseeland gesehen. Ihr Mann war ein entsetzlich unappetitlicher Typ, sass den ganzen Tag nur vor der Küche, las die Zeitungen und kommandierte Frau und Kind herum. Die Campingküche war so unhygienisch, dass ich mein Essen im Bungalow, den ich gemietet hatte, einnahm. Zudem hustete dieser ekelerregende, unfreundliche Typ die ganze Zeit Schleim aus und verschmierte ihn auf den Tischen. Meiner Meinung nach hätte dieser Platz behördlich geschlossen werden müssen.

23.9.

Früh am Morgen verliess ich den unsauberen Campingplatz. Tauranga war mein heutiges Ziel. Wenigsten hatte ich dieses Mal keine so grossen Höhenunterschiede zu bewältigen. Zwanzig Kilometer vor Tauranga hielt eine ältere Frau in einem Pickup am Strassenrand und lud mich ein, mit ihr mitzufahren, es sei hier mit dem Fahrrad einfach zu gefährlich. Ich nahm ihr Angebot dankbar an und wir luden meine Sachen in ihr Auto. Sie fuhr mich bis zum Backpackers, steckte mir einen Zehn-Dollar-Schein in die Hand und meinte, ich solle mir dann am nächsten Tag im Café einen feinen Kaffee gönnen. Ich war total perplex und meinte, nein, ich hätte eher ihr zehn Dollar geben sollen, aber sie winkte ab und meinte, das sei schon okay so. Ich beschloss, zwei Tage im Hostel zu bleiben, denn am nächsten Tag sollte es regnen und so konnte ich mich ein wenig erholen. Die Küche war relativ sauber und das Zimmer ganz schön.

26.9.

Gut gelaunt fuhr ich am Morgen in Richtung Rotorua, im Glauben, dass es diesmal endlich wieder einmal flach sein würde. Leider hatte ich mich geirrt, immer höher wurden die Hügel! Ich war nun schon fünfundfünfzig Kilometer geradelt und bemerkte, dass ich viel zu lange brauchte und Rotorua nicht erreichen würde. Ich befasste mich ernsthaft mit dem Gedanken, irgendwo wild zu zelten. Das Wetter war regnerisch mit starken Orkanböen und liess mich dann doch an meinen Überlegungen zweifeln. Plötzlich kam, wie vom Himmel geschickt, ein älteres Ehepaar mit einem Pickup vorbei, hielt an und fragte, ob alles in Ordnung sei. Ich gab zur Antwort, ja, wenn die Böen und die Hügel nicht wären, hätte ich keine Sorgen. Wohin ich denn so spät noch wolle? Eigentlich auf den Campingplatz in Rotorua. Ah, sie wohnen in dieser Stadt und wüssten auch, wo sich der Campingplatz befinde. Wenn ich wolle, würden sie mich dort abladen. Ich war ihnen sehr dankbar: „Die Kiwi-Engel sind jeden Tag irgendwo auf Achse." Mit diesem Spruch bedankte ich mich ganz herzlich bei dem Ehepaar.

Für fünfundzwanzig Dollar bekam ich auf dem Campingplatz ein ganzes Häuschen für mich alleine. Als ich zu später Stunde nochmals nach draussen ging, stand plötzlich ein älterer Mann neben mir und fragte mich: „Are you my neighbour?" Er lud mich zu einer Tasse Tee ein, die ich nach reiflicher Überlegung auch annahm. Das einstündige Gespräch war sehr interessant, denn er war ein Künstler. Er malte allerdings nur auf Wänden und nur grosse Gemälde. So zum Beispiel beim Dalai Lama, oder beim König von Saudi-Arabien. Er erzählte mir, dass er früher ein Drögeler gewesen sei und auf der Strasse gelebt habe. Dann habe er sich wieder gefangen und sei von der Strassenmalerei, die er früher betrieben habe, um seine Drogen zu finanzieren, zu den Wandgemälden übergegangen. Jetzt sah man ihm nichts mehr von seiner Drogenvergangenheit an. Er war ein sehr umgänglicher und anständiger Künstler, der in Rotorua eine Wand mit einem schönen Bild bemalt hatte.

Toll, gleich um die Ecke vom Campingplatz befand sich eine Touristenattraktion: der Pohutu Geyser, eine Mineralquelle mit dem grössten Geysir der südlichen Hemisphäre. Ich ging mit einem Führer dorthin und hatte das Glück, den Geysir in seiner ganzen Grösse bewundern zu können; alle ein bis zwei Stunden schoss er dreissig Meter in die Höhe. Die Steine rundherum waren so warm, als würde man auf einer Ofenbank sitzen.

Am Nachmittag musste ich noch runter in die Stadt, denn ich wollte noch das Busticket für die Fahrt nach Taupo besorgen. Ein Einheimischer hatte mir erklärt, dass es viel zu schwierig sei, mit dem Fahrrad nach Taupo zu radeln und ich doch den Bus nehmen solle.

28.9.

Kaum war der Bus angekommen, erklärte mir der Fahrer, dass ich beide Laufräder abmontieren müsse, sonst könne er mich nicht mitnehmen. Eilig machte ich mich daran, das vordere Rad zu demontieren, aber das zweite, so sagte ich ihm, gehe nicht so schnell, denn dazu brauche ich Werkzeug. Schlussendlich lud er das Velo halt doch mit dem hinteren Rad ein. Ich war wütend über die Situation, denn das hätte mir die Frau am Schalter doch gleich sagen können! Na ja, es kam dann noch schöner, denn als ich den schönen Radweg sah, der sich ganze zehn Kilometer dahinzog, und nachher die schöne ebene Strasse, die ich problemlos hätte fahren können, wäre ich am liebsten ausgestiegen.

Eine Stunde später lud er mich in Taupo ab, denn er wusste, dass ich weiter nach Süden radeln wollte. Nach dem ganzen Ärger trank ich erstmals einen Cappuccino in einem Strassencafé. So gegen dreizehn Uhr radelte ich dreissig Kilometer weiter, alles dem Lake Taupo entlang. Das war eine wunderschöne Strecke, die mich nun belohnte und meine Laune wieder auf Vordermann brachte. Eigentlich hatte ich vor, bis Turangi zu fahren; leider war ich dafür zu spät dran und fand dann zwanzig Kilometer vor Turangi einen angenehmen Campingplatz. Dort gab es allerdings nur noch einen Bungalow für hundert Dollar. Daher entschied ich mich dazu, trotz der Kälte das Zelt aufzustellen.

29.9.

Durchfroren wartete ich am Morgen, bis sich die Sonne um acht Uhr in ihrer ganzen Pracht zeigte, um mein Zelt zu trocknen und meinen Körper wieder aufzuwärmen. Ich hatte ja nur noch zwanzig Kilometer bis Turangi, wo ich unbedingt zwei Tage bleiben wollte, da meine Kleidung schmutzig war und ich das schöne Wetter nutzen wollte, um alles zu waschen.

In Turangi nistete ich mich im Backpackers ein. Es war recht sauber und auch hier bekam ich für zwanzig Dollar ein ganzes Zimmer inklusive gratis WiFi. Es gab eine ordentliche Küche und — man staune — ein zirka vierzigjähriger Mann führte das Hostel ganz alleine! Dank des windigen Wetters wurde meine Wäsche schnell trocken. Ich beschloss noch eine dritte Nacht zu bleiben, denn es sollte am nächsten Tag regnen, was sich dann aber als falsch herausstellte.

2.10.

Wer hätte gedacht, dass es in Neuseeland so viele Engel gibt! Nicht dass sie mit weissen Kleidchen und Flügeln umherfliegen, nein, sie sind auf der Strasse! Obwohl mir der Hausvater gesagt hatte, dass es auf der Strecke nach Waiouru flach sei, erwies sich das als falsch und der Gegenwind, die steilen Abschnitte und das Gewicht spielten mir wieder einmal einen Streich. Ich wandte also wieder meinen Trick 77 an.

Nacheinander hielten drei Fahrzeuge an. Der erste Fahrer fragte nur, ob alles okay sei. Der zweite wollte meine Tasche im vierzig Kilometer entfernten Waiouru im Militärmuseum abgeben. Das wollte ich aber nicht, denn ich wusste ja nicht, ob ich das noch erreichen würde, bevor es schloss. Schliesslich blieb eine Frau stehen und erzählte mir, dass sie mich nun schon das dritte Mal sehe und ich jetzt einfach einsteigen solle. Belinda, so hiess sie, fuhr bis in das sechzig Kilometer entfernte Taihape. Dort gebe es, so Belinda, ein schönes Backpackers.

Sie führte mich bis zum Hostel und lud mich gleich für Weihnachten zu sich nach Hamilton ein. Es stellte sich heraus, dass ihr Vater auch Schweizer war und sie von ihm Deutsch gelernt hatte.

3.10.

Im Hostel gab es sogar einen Whirlpool für die Gäste, den ich natürlich auch benutzen durfte. Der hilfsbereite Herbergsvater buchte mir auch ein Busticket für den nächsten Tag nach Wellington. Ich hatte jetzt genug von dem ganzen Stress mit den vielen Steigungen und wollte endlich auf die Südinsel, in der Hoffnung, dass dort das Vorankommen leichter sei.

Fünf Stunden dauerte die bequeme Reise bis Wellington, wo ich schon nach fünf Minuten ein ganz tolles Hostel direkt neben dem Fährhafen fand. Es war also ein Leichtes, zum Hafen zu gehen und mich dort nach einem Ticket zur Südinsel zu erkundigen.

4.10.

Nachdem ich ausgiebig geschlafen und das reichliche Frühstück genossen hatte, machte ich mich auf die Socken, um ein neues, kleineres Zelt zu kaufen. Dann ging es darum, ein Postamt zu finden und eine Schachtel zu ergattern, den ganzen Kram einzupacken und wegzuschicken. Hundertsechsundzwanzig Dollar kostete mich die ganze Prozedur, aber wegwerfen wollte ich das Zelt auch nicht, es war ja nur zu schwer und nicht defekt.

Nachdem ich am Fährhafen mein Ticket für den nächsten Tag gebucht hatte, begab ich mich am Nachmittag zur Talstation des Cablecars, das eine Tradition Wellingtons ist. Von der Talstation fährt man für neun Dollar rauf und runter und hat eine fantastische Aussicht über die Stadt und das Meer. Oben traf ich zufällig meine Bettnachbarin vom Backpackers. Sie war aus Tauranga und besuchte hier ihre Tochter, die in Wellington zur Krankenschwester ausgebildet wurde. Wir entschieden uns nach einem gemeinsamen Kaffeeklatsch zusammen durch den Botanischen Garten runter in die Stadt zu spazieren. Da sie vorhatte, bald einmal die Schweiz zu besuchen, lud ich sie ein, dann bei mir zu wohnen.

Auf der Südinsel: Meer, Gletscher und Seen

5.10.

Pünktlich um siebzehn Uhr fuhr die Fähre in den Hafen von Picton ein. Im Nu fand ich eine Bleibe in einer Privatunterkunft. Die Hausmutter war sehr nett, allerdings etwas verschroben, so wie auch die ganze Einrichtung. Es war alles mit Meerestieren, Muscheln, Meerjungfrauen und dergleichen bemalt. Sogar vor den Küchenstühlen machte sie keinen Halt. Türen gab es ausser bei Dusche und WC nirgends. Die grossen Vorhänge waren den ganzen Tag zugezogen, sodass man immer mit künstlichem Licht lebte. Daher machte ich mich am nächsten Morgen schon früh aus dem Staub.

6.10.

Lange konnte ich eben dahinfahren und die Strasse wies einen sehr schönen Belag auf. Endlich wieder einmal drauflosfahren, das war toll! Schliesslich landete ich in Seddon in einem heruntergekommenen Motorcamp. Ausser einem jungen Pärchen, das dort arbeitete, gab es nur ausgediente Busse, in denen alte Menschen hausten, die sich keine Wohnung mehr leisten konnten. Leider ist das Sozialwesen in Neuseeland eine Katastrophe. Um wie viel besser haben wir es in unserer kleinen Schweiz, wo jeder Ergänzungsleistungen erhält und solche Probleme gar nicht erst aufkommen!

Ich wollte mir eigentlich oben am Pass mein kleines, neues Zelt aufbauen, als zwei Japanerinnen mit ihrem gemieteten Wohnmobil anhielten und mich partout mitnehmen wollten. Ich erklärte ihnen aber, dass ich ab der Anhöhe lieber wieder selber fahren wolle. Vorher bestanden sie aber noch darauf, ein Selfie mit mir machen.

Es stellte sich dann heraus, dass sie aus Brisbane waren, und so luden sie mich ein, bei ihnen vorbeizukommen. Ich erhielt ihre Telefonnummer, war mir aber unsicher, ob ich mein Versprechen, sie zu besuchen, auch einhalten könne.

7.10.

Nach mühsamen fünfundvierzig Kilometern die Hügel rauf und runter landete ich in Kekerengu, einem kleinen Dorf. Leider waren beide Unterkünfte geschlossen. Ich erkundigte mich bei einem Ehepaar nach einer Übernachtungsmöglichkeit und sie rieten mir, im nahegelegenen Café nachzufragen, nötigenfalls könne ich auch bei ihnen wohnen. Das Café bot tatsächlich seinen Gästen eine Gratisunterkunft im eigenen Zelt unten am Strand an. Ich war froh darüber und im Café konnte ich mir auch noch eine ganz feine Blätterteigpastete ergattern.

8.10.

Nach einem köstlichen morgendlichen Cappuccino im Café radelte ich weiter in Richtung Christchurch. Kein Wölklein war am Himmel! Mein Ziel war es, in der fünfundfünfzig Kilometer entfernten, südlich gelegenen Kleinstadt Kaikoura zu übernachten. Nach zwei Tagen Katzenwäsche sehnte ich mich nach einer warmen Dusche! Die Strasse war ausnahmsweise relativ flach und so kam ich wenigstens etwas schneller voran.

Ich fragte mich immer wieder, was die vielen Erdhügel an den Strassenrändern zu bedeuten hätten, bis ich dann mehrere Strassenarbeiter entdeckte und mich bei ihnen nach der Ursache für diese Hügel erkundigte. Ein Australier, der zu den Strassenarbeitern gehörte, erzählte mir, dass das alles noch die Auswirkungen vom Erdbeben von vor sieben Jahren seien. Er zeigte mir auch, wo der Berg überall auf die Strasse gerutscht war und dass noch viel lockeres Gestein oben am Berg hing, das nur auf die Gelegenheit wartete, herunterzukommen. Einmal sah ich sogar einen gewaltigen Riss in der Strasse! Ein Wunder, dass die Häuser, die am Hang standen, verschont waren. Je weiter ich nach Christchurch gelangte, desto stärker waren die Auswirkungen des Bebens zu sehen. Eine teure Angelegenheit, wenn man nicht weiss, wann so etwas das nächste Mal wieder passiert.

In Kaikoura liess ich mich für zwei Tage im Motel Alpen View nieder. Ab und zu ein wenig Luxus musste auch ich haben! Diese Geschichte mit den Auswirkungen des Erdbebens belastete mich sehr. Wenn man bedenkt, wie riesig die Gewalt der Natur ist, sind wir Menschen nur Ameisen auf diesem Erdball! Das i-Tüpfelchen war dann noch ein Alarm um Mitternacht. In meinem Zimmer hing ein Zettel, dass man bei Tsunami-Gefahr sofort auf eine Anhöhe laufen solle. Dazu muss man wissen, dass mein Zimmer nur wenige Meter vom Meer entfernt lag. Als dann aber keine Panik eintrat, beruhigte ich mich wieder.

10.10.

Es ist immer möglich, dass etwas, das schön beginnt, später in eine komplett andere Richtung abdriftet. Stahlblau, aber sehr frisch und kalt präsentierte sich der Himmel, als ich das niedliche Kaikoura verliess. Eigentlich hätte ich die Handschuhe, die ich ja immer dabei hatte, aus der Tasche holen sollen, wäre es mir nicht zu umständlich gewesen. So zog ich mir einfach die viel zu langen Pulloverärmel über die Finger. Dreiundzwanzig Kilometer konnte ich binnen kurzer Zeit dem Meer entlang nach Süden radeln. Einstweilen war die Strecke sehr flach und relativ gut zu bewältigen. Als ich so dahinfuhr, entdeckte ich plötzlich Robben, die sich auf den Felsen ausruhten und ihre nassen Körper in der Sonne trockneten. Zum Teil präsentierten sie sich richtiggehend und reckten sich hoch.

Dann aber überzog sich der Himmel mit Wolken und es begannen leider auch wieder die steilen Anstiege. Ich hatte Glück, denn überall waren Strassenarbeiter dabei, die defekten Stellen zu reparieren. Zweimal fuhren sie mich den Hügel hoch, wofür ich ihnen sehr dankbar war. Erstaunlich viele Australierinnen und Australier arbeiteten hier in Neuseeland im Strassenbau.

Ich kam dann wieder ins Tal und hatte insgesamt siebzig Kilometer zurückgelegt. Wieder mutete mich diese Gegend an das Appenzellerland an, denn es gab viele sanfte Hügel, die bis oben mit Gras bewachsen waren. Unzählige Schafe, Mütter mit Hunderten von Lämmern, begrüssten mich mit ihrem Blöken und verabschiedeten sich auch gleich wieder auf dieselbe Art. Viele der Mütter hatten Zwillinge und Drillinge.

In Cheviot miete ich mich auf dem Campingplatz in einer Hütte ein. Bei dieser Witterung war das Zelten einfach noch etwas zu kühl, vor allem gegen Morgen.

11.10.

Das Wetter war nicht gerade einladend, als ich zur Toilette lief. Mit Nieselregen und wolkenverhangen präsentierte sich der Himmel. Ich zog mir also die Regenkleider über, so war ich mir sicher, dass ich mir nicht sofort nasse Kleider einfangen würde. Ich radelte die sechsundfünfzig Kilometer bis Waipara. Auch diese Strecke wies zum Teil beträchtliche Höhenunterschiede auf.

In Waipara war das Backpackers, Waipara Sleepers, ein Bahnhof, der zu einem Hostel umfunktioniert worden war. Die Waggons dienten zum Schlafen, der Warteraum war die Küche und die Schalterhalle das Esszimmer. Es gab sogar Elektroöfen! Nur hatte die ganze Sache einen Haken: Erstens war nichts isoliert und zweitens gab es grosse Spalten in den Waggons, durch die die Wärme entwich. Ich war hier fast alleine. Ein stattlicher Siamkater begrüsste die Gäste und verzauberte sie mit seinen stahlblauen Augen.

12.10.

Einunddreissig Kilometer lang begleitete mich starker Regen mit entsetzlichen Böen. Teilweise war es sehr schwierig voranzukommen. Anstatt wie geplant bis Christchurch zu radeln, stoppte ich fünfundzwanzig Kilometer davor in Woodend. Dort miete ich mich in einem schönen Motel ein und hoffte, dass es mir am nächsten Tag gelingen würde, die grosse Stadt zu erreichen.

18.10.

Nachdem ich fünf Tage lang Christchurch erkundet hatte, all die vielen Viertel abgelaufen war und meine Besorgungen erledigt hatte, radelte ich weiter und landete nach sechzig Kilometern im kleinen Ort Rakaia auf dem Campingplatz. Dort mietete ich ein ganz schönes Hüttchen für dreissig Dollar. Der Manager gab es mir um zehn Dollar billiger, da ich pensioniert bin. Kurz vor Rakaia war ich über die längste Brücke Neuseeland geradelt. Nicht unbedingt ungefährlich, erstens der Länge wegen und zweitens, weil die Brücke sehr schmal ist und die grossen, fünfachsigen Lastkraftwagen sehr lang und breit sind. Ich war heilfroh, als ich die Überquerung der Brücke hinter mir hatte und den Zeltplatz, der sich nur zweihundert Meter hinter der Brücke befand, ansteuern konnte.

19.10.

Das erste Mal, dass ich in kurzen Hosen und T-Shirt radeln konnte! Ich liess mich in Geraldine, einem kleinen Nest, auf dem Family-Campingplatz nieder. Leider versprach der Name mehr, als dann geboten wurde. Der Bauer hatte auf seinem Hof einen Campingplatz errichtet. Da er sehr viel Land hatte und Tiere liebte, gab es dort unzählige Vierbeiner, was natürlich viele Familien mit Kindern anzog.

Die Hygiene auf dem Campingplatz liess durch die vielen Tiere und die mangelnde Pflege allerdings sehr zu wünschen übrig. So sah ich zwar die gute Idee dahinter, aber alles zerfiel langsam und den Tieren ging es nicht unbedingt gut. Dementsprechend sahen auch die Anlagen für die Besucher aus. Mich stört es, wenn einfach nur kassiert und nicht saniert wird.

20.10.

In Timaru bog ich nach Westen ab und radelte bis Fairlie. Ab nun gab es einen ewigen Kampf mit den Hügeln, denn ich überquerte die Insel und die Berge lassen sich nun leider nicht so einfach verschieben!

21.10.

Ich war angenehm überrascht, denn der Burkes-Pass, den ich gerade überquert hatte, war gar nicht so hoch wie befürchtet. Aber es sollte noch anders kommen, wie sich später herausstellte. Ich fuhr bis zum Lake Tekapo und stellte dort auf dem Campingplatzplatz mein kleines Zelt auf. Der Platz war schön sauber, allerdings war er auch neu. Ob er in zehn Jahren noch so toll aussieht, sei dahingestellt.

22.10.

Über eine schöne und angenehm flache Strecke gelangte ich nach Twizel. Auf der Anhöhe, bevor ich nach Twizel gelangte, leistete ich mir in einem schönen Café, dessen Besitzerin eine Schweizerin war, einen Cappuccino, der mir dann allerdings bis um Mitternacht den Schlaf raubte.

23.10.

Die Gegend um den Lindis-Pass, in der ich nun fuhr, erinnerte mich sehr an Kanada: Die grosse Weite, der See und die Kulisse mit den sich im tiefblauen Wasser spiegelnden schneebedeckten Bergen waren echte Hingucker. Mit all diesen schönen Eindrücken radelte ich nach vielen Stopps auf einem schönen Strassenabschnitt weiter, bis der jäh endete, denn nun begannen die Steigungen. Was ich nicht wusste, war, dass die Strecke über diesen Pass hundertvierzig Kilometer lang ist. Kein schönes Bergrestaurant, wie bei uns in der Schweiz, sondern nur blökende Schafe laden dich hier ein, einen Halt einzulegen.

Es wurde immer später, ich hatte schon hundert Tageskilometer auf dem Tacho und wusste, dass es keinen Sinn machte, noch weiterzufahren. Daher stellte ich mein Zelt hinter einem Busch versteckt auf, obwohl das verboten ist und die Farmer dich vom Platz verweisen, wenn sie dich erwischen. Zur Sicherheit baute ich mein kleines Stoffhaus morgens in aller Frühe ab und wartete den anbrechenden Morgen ab, um dann weiter ins Tal zu radeln.

24.10.

Meine Hoffnung, in Tarras eine gute Bleibe für die Nacht zu finden, wurde enttäuscht. An der einzigen Tankstelle des Dorfes sprach ich mit einem Lastwagenfahrer, der mir erklärte, dass es hier ausser einem Wollladen und dieser Tankstelle mit einigen wenigen Lebensmitteln gar nichts gebe. Daher entschied ich mich trotz meines Schlafmangels nach Albert Town weiterzufahren und hoffte, dort was zu finden, was aber auch ein Reinfall war. Es war in diesen Tälern schwierig, ohne ein Kraftfahrzeug geeignete Übernachtungsmöglichkeiten zu finden.

Ich fragte einen Einheimischen, was es denn hier sonst noch gebe. Er verwies mich auf einen schmuddeligen, unbetreuten Zeltplatz, dessen einzige Wasserquelle verschmutzt war, sodass man das Wasser zuerst abkochen musste. Ein anderer meinte, wenn ich zehn Kilometer weiter nach Lake Hawea radle, würde ich dort ein schönes Backpackers finden, was sich dann auch bewahrheitete. Zu meinem Glück, denn es regnete in Strömen. Und so quartierte ich mich dort gleich für zwei Tage im Hostel ein.

26.10.

Schon früh um sieben startete ich los, um nach Makarora zu gelangen, und fand dort eine schöne Unterkunft in einem Backpackers. Der Hostelmanager meinte, dass ich am nächsten Tag locker über den Haast-Pass fahren könne, denn das Wetter sei relativ sicher und drei Viertel der Strasse eben, was sich dann allerdings als falsch herausstellte. Das kann nur einer behaupten, der dort noch nie mit dem Fahrrad gefahren war! In einem Auto sieht die Strecke immer ganz anders aus.

Also radelte ich los, das Wetter war so la la. Ein wenig Regen, ein wenig bewölkt und dann wieder etwas Sonne. Die ganze Strecke von achtzig Kilometern war ein einziger Stress, denn die vielen Bodenunebenheiten liessen ein rassiges Fahren bergab kaum zu. Daher verliert man viel Zeit, und die Beine, vor allem die Knie, werden sehr müde. Um sechzehn Uhr dreissig erreichte ich endlich das ersehnte Haast, wo ich mich für zwei Nächte in einem Motel einquartierte.

Auf der Hälfte der Strecke war mir eine Autofahrerin aufgefallen, die mich nach meinem Ermessen eigenartig begutachtete. Zuerst dachte ich mir nicht viel dabei, aber dann hupte sie, als sie mich überholte. Als ich beim nahen Wasserfall anhielt, um ein Foto zu machen, sprach mich diese Frau, die dort auch stehengeblieben war, an und war sehr an meiner Fahrradtour interessiert. Sie kam aus Malaysia und machte in Neuseeland Ferien. Sie erzählte mir, dass sie alleine lebe und sich zum sechzigsten Geburtstag diese Ferien geleistet habe. Wir klatschten eine Weile und tauschten Adressen aus. Sie lud mich nach Malaysia ein und ich sie natürlich in die Schweiz. Laut ihrer Visitenkarte war sie Managerin in der Hotelbranche. Eine ganz tolle, taffe Frau!

28.10.

In Paringa checkte ich am Nachmittag in der einzigen, leider schmuddeligen Herberge ein, nachdem ich wieder viele Hügel bewältigt hatte. Eigentlich hätte ich einen Kilometer vorher auf dem Campingplatz mein kleines Zelt aufstellen können, aber da der Wetterbericht für den nächsten Tag Regen angekündigt hatte, verzichtete ich auf den Platz am Seeufer. In dieser Unterkunft hatte schon lange niemand mehr geschlafen, alle Fenster waren voller Spinnweben und anstelle von Vorhängen hatte die Wirtin einfach schmutzige Leintücher aufgehängt. Die Luft war muffig grau und es gab überall Schmutz. Da stimmte wieder einmal das Preis-Leistungsverhältnis überhaupt nicht, denn sie wollte fünfunddreissig Dollar für diese scheussliche Bude! Da ich mir nicht sicher war, ob es nicht auch Wanzen in den Betten gäbe, schlief ich im Schlafsack. Ein Trost war, dass ich am nächsten Tag in der Früh weiterziehen würde.

29.10.

Auf einer wunderschönen Strecke radelte ich bis Fox Glacier. Das Wetter war ein Traum, ein tiefblauer Himmel begleitete mich. Auf der Hälfte der Strecke, ganz nah beim Meer stand ein Kaffee- und Snackwagen in der Nähe von einer Ausfahrt. Der Besitzer bot sogar ein kostenloses WiFi an. Natürlich war der Kaffee teurer und kleiner, aber was soll's. Nach so einer muffigen Bude musste etwas Luxus Platz in meinem Leben haben! Der herrliche Ausblick von einem Schwemmholzbalken aus aufs Meer bereicherte das Ganze und liess meinen Groll über den letzten Abend wieder abklingen.

Ich buchte in Fox Glacier eine Nacht, wollte aber, falls es, wie der Wetterbericht vorhergesagt hatte, tatsächlich regnen sollte, eine weitere Nacht bleiben.

1.11.

Da der Wetterbericht falsch gelegen war, zog ich am Morgen weiter. Ein strahlendes Wetter spornte mich an, bis zum Franz-Josef-Gletscher weiterzuradeln. Weil ich dank der schönen Strecke schon sehr früh im Backpackers in der Nähe des Gletschers eintraf, hatte ich genug Zeit, um mit dem Bus bis zum Gletscher zu fahren und diesen auf einem Fussmarsch von fünfundvierzig Minuten näher zu betrachten. Für mich war der Gletscher eine Enttäuschung, denn wir haben in der Schweiz schönere und grössere. Für Chinesen und andere, die in ihrem Land nichts Derartiges haben, mag der Franz-Josef-Gletscher ja ein Renner sein.

2.11.

Nach der ungewöhnlichen Erfahrung, dass das Frühstück im Zimmerpreis inbegriffen war und das Hostel am Abend auch eine Suppe gratis bereitstellte, verliess ich das Backpackers erst um acht Uhr morgens. Kaum zu glauben, ich musste nur auf einer einzigen Steigung schieben! Die ganze Strecke erwies sich als flach und vor allem gab es auch einen feinen, sauberen Belag, so dass man im Nu viele Kilometer abradeln konnte. Ich kam bis Harihari und checkte dort im Backpackers ein. Ich hoffte, dass es am nächsten Tag nicht regnen würde, denn diese Spelunke war noch schlimmer als die Übernachtung in der Nacht davor, als ich ein Zimmer mit drei Männern teilen musste.

4.11.

Leider musste ich doch noch einen Tag anhängen, und daher radelte ich erst am übernächsten Tag zwischen Sonnenschein und Regenschauern weiter nach Ross, wo ich ein uraltes Hotel im viktorianischen Stil fand.

5.11.

Die letzten achtzehn Kilometer auf der Strecke nach Greymouth begleitete mich das tosende Meer. Im Holiday Park bekam ich dann, zehn Meter vom Strand entfernt, ein schönes Zimmer. Die

Brandungsgeräusche wiegten mich in den Schlaf. Das Geräusch hörte sich an, als führe eine Lokomotive mit hundert Güterwagen vorbei, nur dass bei einer Eisenbahn der Lärm einmal verstummt, was hier nicht der Fall war. Gleich neben mir hatte ein älterer Motorradfahrer eingecheckt. Mein kleines Velo wirkte im Vergleich zu seinem riesigen Töff wie eine Heuschrecke.

6.11.

Als ich schon zwei Stunden lang in Richtung Punakaiki unterwegs war, holte mich der Töfffahrer vom letzten Abend ein. Er stoppte und fragte, ob alles okay sei, und wollte wissen, wohin ich fahre. Als er mir sagte, dass er nach Wellington wolle, gab ich ihm zur Antwort, ich auch. Er lachte laut: „Da wirst du noch einige Tage fahren müssen!" Mit lautem Getöse brauste er davon.

Das schöne Wetter und die vielen Merkwürdigkeiten am Wegrand verleiteten mich immer wieder dazu, stehenzubleiben und Bilder zu schiessen. Daher kam ich nur langsam voran. In Punakaiki checkte ich im Backpackers ein. Bis jetzt war es das teuerste von allen. Nur weil das Hostel ganz nah am Meer liegt und obwohl es weiter nichts zu bieten hat, muss man so viel zahlen. Das nenne ich Touristen melken.

7.11.

Am Nachmittag erlebte ich dann eine angenehme Überraschung, nachdem ich am frühen Morgen das teure Hostel verlassen hatte. Vierhundert Meter konnte ich auf einer ebenen Strecke radeln, dann begann es zu steigen und das Schieben auf der steilen Strasse war mit dem schweren Rad alles andere als lustig. Danach begann es auch noch zu regnen und meine Laune war im Keller, als plötzlich auf Meereshöhe, ganz nah am Wasser ein Imbisswagen auftauchte. Mit dicken Lettern stand auf einer Tafel am Wegrand: „Coffee and Hot Food". Sofort steuerte ich diesen hübschen Wagen an und bestellte einen Pancake und dazu einen Cappuccino. Der ältere, sehr sympathische Verkäufer buk mir einen dreilagigen Pancake mit zwei Schichten Bacon. Ein wunderbares Frühstück, nachdem mir meine Lebensmittel fast ausgegangen waren! Weil die Versorgung in den kleinen

27

Ortschaften sehr schwierig ist, war ich sehr froh über diese Bereicherung. In Neuseeland ist alles auf Autos ausgerichtet, die Fahrradfahrer bleiben allerdings auf der Strecke, wollen sie nicht viel Essbares mitschleppen, was dann allerdings wiederum viel Gewicht bedeutet.

In Westport buchte ich gleich zwei Tage im Backpackers, denn für den nächsten Tag war ganz schlimmes stürmisches Wetter vorhergesagt.

11.11.

Bei Sonnenschein und warmem Wetter radelte ich nach Inaguaha, dort sollte es angeblich eine Unterkunft geben. Als ich mich aber im winzigen Ort danach erkundigte, schickte man mich zu einer erbärmlichen Hütte. Laute Technomusik dröhnte in meine Ohren. Die schmuddelige Besitzerin trug das Ihrige zum Gesamteindruck bei. Sie meinte, eine trockene Bleibe habe sie nicht, aber wenn ich wolle, könne ich mein Zelt in ihrem Garten aufstellen. Ich lehnte ab, denn ich hätte bestimmt eine Viertelstunde altes Eisen und verfaultes Holz wegräumen müssen, ehe ich mein Zelt hätte aufstellen können, und zog weiter.

Die nette Frau im Café danach zeigte mir einen winzigen Zeltplatz, der vis-a-vis von ihrem kleinen Lokal lag. Für zehn Dollar könne ich im Café auch duschen und das WC benutzen. Ich nahm das Angebot der Wirtin an und trank einen Pfefferminztee, denn um fünfzehn Uhr wollte sie ihren Laden schliessen. Viel konnte ich nicht schlafen, denn der Platz lag in einer scharfen Kurve und jedes Mal, wenn ein Fahrzeug vorbeifuhr, wurde es hell und ich wieder wach.

12.11.

Früh radelte ich von meiner sehr kalten Bleibe weg und machte mich auf den Weg nach Murchison. Ich hatte keine Ahnung, was mich dort erwarten würde. Sechseinhalb Stunden schob ich mein Rad die vielen, nie enden wollenden Hügel hinauf. Dann erschien endlich die erlösende Ortstafel: Murchison! Ich war angenehm überrascht darüber, was für ein schmuckes, sauberes Städtchen ich hier antraf. Ich checkte gleich im ersten Hostel ein, das sehr gut geführt und sauber war.

13.11.

Es ging weiter in das winzige Dorf Kohatu.

14.11.

Weiter nach Nelson. Das sehr angenehme Wetter erleichterte das rasche Vorankommen.

Nachdem ich bereits zwölf Kilometer auf dem Radweg gefahren war, stiess mich von hinten eine Radfahrerin an. Ich stoppte und schaute zurück. Ich traute meinen Augen kaum, denn es war Yve eine der beiden Taiwanerinnen, die ich in Punakaki kennengelernt hatte. Doris, ihre Freundin, war im selben Zimmer wie ich einquartiert gewesen. Die beiden hatten sich im Süden von Neuseeland kennengelernt und fuhren seitdem zusammen weiter. Weil sie wussten, dass ich am Abend nach Nelson kommen würde, waren sie mir freundlicherweise entgegengeradelt. Sie wollten unbedingt, dass ich in ihrem Hostel übernachte.

Eigentlich wollte mich die Rezeption in ein Zimmer mit drei Männern verfrachten, was ich aber vehement ablehnte. Sofort meldete sich Yve und meinte, ich könne ihr Bett haben, sie schlafe bei den Männern. Yve und Doris verlängerten sogar um eine Nacht, als sie hörten, dass ich zwei Nächte bleiben wollte, denn sie wollten mich unbedingt nach Picton begleiten.

Danach würden sich unsere Wege trennen, denn die beiden wollten nach Blenheim und sich dort um Arbeit umsehen. Yve kam am nächsten Morgen zu uns ins Zimmer und meinte, die drei Männer würden stinken, sie habe einen schlechten Deal gemacht. Wir beschlossen, den ganzen Tag zusammen zu verbringen: Kaffee trinken, Kuchen essen, Einkäufe erledigen. Am Nachmittag wanderten wir bei schönem Wetter auf den nahen Hügel und konnten dort unseren Blick wunderbar über ganz Nelson und das weite Meer schweifen lassen.

Abends schleppten sie mich dann noch in ein Thairestaurant, wo ich natürlich auch das schmackhafte Essen kosten musste. Nur bei Sushi lehnte ich ab, denn die hätte ich beim besten Willen nicht

29

runtergebracht. Die Hunderter flossen nur so durch meine Finger. Aber in den Ferien ist eben halt nicht immer alles wie zu Hause und die beiden lieben Mädchen, deren Mutter ich hätte sein können, wollte ich auch nicht enttäuschen.

15.11.

Doris und ich starteten schon um acht Uhr früh, denn die Strecke bis Havelook war steil und lang. Doch das Schicksal wollte es anders, denn um elf Uhr überholte mich ein Roadtrain mit zwei Anhängern und der letzte Anhänger klatschte mich gegen eine Felswand. Eingeklemmt zwischen dem Rad und der Felswand harrte ich der Dinge, die da kommen sollten. Ein Tourist aus London befreite mich und sah, dass mein linker Unterarm sehr stark verletzt war. Ein zweiter Autofahrer überholte und stoppte den Lastwagen, dessen Fahrer nichts von dem Unfall mitbekommen hatte.

Der LKW-Lenker war erstaunt, als ihm erklärt wurde, dass er eine Fahrradfahrerin gegen die Felswand geschleudert habe. Kreidebleich erschien er bei der Unfallstelle und entschuldigte sich in aller Form. Felix, der Engländer, brachte mich ins Spital nach Nelson, wo mir dann in der Notfallambulanz acht Nähte verpasst wurden. Inzwischen hatte Felix' Frau die Polizei angerufen.

Es dauerte keine Stunde, bis ein Polizist bei mir im Spital auftauchte und den genauen Unfallhergang beschrieben haben wollte. Der Beamte meinte, dass in Neuseeland die Lastwagenfahrer unter grossem Druck stünden, denn sie müssten den Lieferplan ganz genau einhalten und acht Stunden durcharbeiten. Zur vorgegebenen Zeit müssten sie bei ihrem Übernachtungsplatz ankommen, damit sie sich mit ihrem Partner, der sich währenddessen dort ausgeruht hatte, abwechseln können.

Wenn dann irgendetwas schiefläuft, kommen die Fahrer entsetzlich in Verzug und so ist es verständlich, dass Fehler passieren. Als ich dem Beamten vorschlug, diese sehr gefährliche, kurvenreiche Strasse für Fahrradfahrer zu sperren, hatte er nur ein Achselzucken übrig. Nicht zu denken, was passiert wäre, hätte mich der Lastwagen gegen einen Abhang geschupst, der hier oft nicht einmal mit einer Leitplanke gesichert ist. Dann hätte mich möglicherweise niemand gesehen und ich wäre als verschollen erklärt worden.

Felix, der grossartige Helfer, fuhr mich, nachdem ich verarztet worden war, nach Havelook, wo die beiden Mädels bereits auf mich warteten. Gemütlich liessen wir dort den Abend in einem Muschelrestaurant ausklingen, nicht ohne dass sie mich überredeten, doch auch zwei Muscheln zu probieren, was ich dann ihnen zuliebe auch tat.

Eigentlich wäre ich fürs Leben gerne mit Yve und Doris nach Picton gefahren, aber mein frisch geflickter Arm liess ein Bremsen und Schieben des Fahrrads einfach nicht zu. So musste ich wohl oder übel den Bus nehmen.

Als ich in Picton mit dem Einchecken, Duschen und alles Verstauen fertig war, waren die beiden Frauen auch schon eingetrudelt. Abgemacht war, dass ich auf der Strasse auf sie warte, aber das Telefon läutete, bevor ich oben war. Sie wollten mit mir nochmals abendessen gehen, denn danach wollten sie noch weiter nach Blenheim radeln und dort eine Bleibe suchen. Soweit kam es dann allerdings auch nicht, denn als sie um siebzehn Uhr aufbrechen wollten, fand Doris nirgends in Blenheim eine Bleibe; alles war ausgebucht. Ich riet den beiden, doch hier in meinem Backpackers zu bleiben, denn ich hatte ein Viererzimmer für mich alleine.

16.11.

Nun war es soweit, es hiess Abschied nehmen, denn meine Fähre fuhr um zehn Uhr fünfundvierzig und ich musste um zehn Uhr meine Bordkarte abholen. Wir schossen schnell noch einige Fotos und umarmten uns ein letztes Mal. Yve und Doris zogen dann nach Süden weiter.

Wieder auf der Nordinsel: dieses Mal aber ganz nach Norden!

18.11.

Bei sonnigem Wetter erreichte ich endlich wieder die Nordinsel und checkte im selben Backpackers wie bei meinem ersten Mal ein. Dort machte ich zwei Tage Pause und radelte dann nach Norden. In Paekakariki fand ich einen schönen Bungalow auf einem Motorcamp.

21.11.

Das schöne Wetter reizte mich, bis nach Levin, der Namensstadt meines Enkels, zu radeln. Für den nächsten Tag war ein schrecklicher Sturm angesagt worden, sodass ich überlegte, eine weitere Nacht in Levin zu bleiben.

22.11.

Anders als erwartet setzte ich doch am nächsten Tag meine Reise fort. Zuerst ging es eben dahin, dann wurde die Strasse aber bald steiler. Whanganui erreichte ich schliesslich nachmittags um vierzehn Uhr. Hier wollte ich zwei Nächte bleiben, denn ich musste ins Fahrradgeschäft, um meine linke Satteltasche, die ich nach dem Unfall selber geflickt hatte, reparieren zu lassen. Es musste ein Fachmann her, zudem wollte ich mir die Stadt etwas genauer ansehen.

Es war Samstag und es gab in Whanganui eine Veranstaltung. Eine Gruppe trat auf und demonstrierte unter dem Motto „The White Ribbon" gegen Gewalt in Familien und an Frauen. Mehr als dreissig Rocker fuhren mit ihren Harleys durch die Gassen und einige von ihnen hielten auf einem Podium Reden. In all diesen Reden war die Gewalt an Frauen das Thema. Ich war überrascht, dass diese Initiative von Rockern ausging, denn ich hatte immer gedacht, dass sich besonders Rocker brutal gegenüber Frauen verhalten.

23.11.

Stadtbummel, Reparatur der Radtasche und Einkauf.

24.11.

Leider begann es um zwölf Uhr schrecklich zu regnen, sodass ich rasch pudelnass wurde. Ich wusste, dass ich noch fünfzehn Kilometer bis Patea fahren musste. Ich war ja wieder im Norden und da war ich nicht überrascht, als ein netter Mann anhielt und mir zurief: „Do you need help? „Oh yes, please!", antwortete ich ihm. Sofort drehte er sein Auto um und kam auf meine Seite. Er erklärte mir, dass er bis nach Hawera fahre, denn er wohne dort. Wenn ich wolle, bringe er mich dort zum Campingplatz, wo ich eine schöne Bleibe finden könne. Der nette Fahrer erzählte mir noch, dass seine zweite Frau Philippinin sei und unbedingt in der Schweiz Ferien machen wolle. Er wollte meine E-Mail-Adresse und gab mir auch seine.

Schüchtern fragte er mich, wann ich dann wieder zu Hause sei. Als ich ihm dann erzählte, dass ich nicht vor dem September 2021 wieder in der Schweiz sein wolle, schaute er mich mit grossen Augen an. Vermutlich hatte er geglaubt, er könne auf seinem Urlaub in der Schweiz mit Tochter und Frau bei mir wohnen.

25.11.

Dank des schönen und warmen Wetters konnte ich die Strecke nach Opunake in dreieinhalb Stunden bewältigen. Im schönen Backpackers in dieser hübschen mittelgrossen Stadt konnte ich ein Zimmer bekommen. Da ich früh angekommen war, hatte ich noch genügend Zeit, mich in der Stadt umzusehen.

28.11.

Leider musste ich an diesem Tag trotz der vielen Hügel zweiundachtzig Kilometer zurücklegen, denn ausser in Mokau gab es am Weg einfach keine Übernachtungsmöglichkeiten. Ansonsten hätte ich nach rechts oder nach links abbiegen und mindesten acht bis zehn Kilometer von der Hauptstrasse abfahren müssen – und das auf die Gefahr hin, dass man hinkommt und am Garagentor einen Zettel mit „no vacancy" vorfindet.

Das hatte ich schon oft genug erfahren müssen, auf solche Spiele wollte ich mich gar nicht mehr einlassen. Daher zog ich es vor, einfach der Strasse entlang zu radeln, denn es würde sich immer was finden, wenn es auch manchmal nur ein alter Heuschober war. Im Rücken ballte sich ein Gewitter zusammen, immer näher kamen die schwarzen Wolken. Donnergrollen in der Ferne. Ich wusste, dass es nicht mehr lange dauern würde und es würde regnen.

Eine Ziege rief mich meckernd ihr zu helfen, denn sie hatte ihre beiden Kolleginnen verloren. Da sie schon fast unten auf der Strasse stand, eilte ich ihr zur Hilfe, denn ich sah die anderen brandschwarzen Geissen und wollte der Ziege beibringen, dass sie wieder den Berg hinauf solle. Sie begriff nicht und schrie mich weiter an. Plötzlich begann es zu regnen und dann zu schütten. Eilig zog ich meine Regenkleidung an und die Ziege verschwand auf dem Hügel.

In Mokau fand ich dann endlich eine angenehme, billige Bleibe und schlief tief und fest bis zum Morgen.

29.11.

Piopio war ein kleines Nest mit einem einzigen Motel, dem Owls Nest. Das Motel musste etwas mit Vögeln zu tun haben, überall gab es Vogelnamen, und auf einem Stück Rasen war ein riesiger Vogel abgebildet, den man schon von weitem sah. Vermutlich wurden die Konturen mit Sand gemacht. Ich hatte viele Hügel überqueren müssen und kam um fünfzehn Uhr total übermüdet im Eulennest an.

Zirka fünfundzwanzig Kilometer vorher hatte ich oben auf dem Berg eine nette Unterhaltung mit einer sehr freundlichen Bäuerin gehabt. Sie hatte mich vorbeifahren gesehen und mir zugerufen: „Hey, where do you come from?" Ein Wort ergab das andere und schnell war eine halbe Stunde vergangen. Ich freue mich immer, wenn Menschen Anteil an dem nehmen, was andere machen.

Seit drei Tagen hatten wir hier auf der Insel endlich warmes und angenehmes Wetter. Der lästige Nordwind rückte in den Hintergrund. Gegen Abend ging ein ganz ordentliches Gewitter nieder. Ich staunte nicht schlecht, als ich um halb zwölf zur Toilette ging, denn mir präsentierte sich ein prächtiger Sternenhimmel. Ich weiss von den Kiwis, dass das Wetter in Neuseeland ganz schnell wechseln kann und auch die Wetterprognose sich oft irrt.

30.11.

Von Piopio schaffte ich nur dreissig Kilometer bis Te Kuiti, ich fühlte mich total übermüdet. Die vielen Hügel und das schwere Rad, das ich oft schieben musste, liessen meine Knie ermüden. Es braucht viel Energie, um jeden Tag das Rad zehn bis zwölf Kilometer den Berg hochzutreten. In Te Kuiti fand ich dank der netten Frauen im Visitors Center in einer Privatunterkunft eine Bleibe für drei Tage. Ich war den Damen des Visitors Centers dankbar, denn sonst hätte ich mein Rad weitere drei Kilometer den Berg hinaufschieben müssen, da sich das Backpackers so weit ausserhalb der Stadt befand.

In Otorohanga stoppte ich nach gerade mal zwanzig Kilometern und fand im Holiday Park einen schönen Bungalow. Nachmittags hatte ich genügend Zeit, um mir in Waitomo die Höhle der Glühwürmer anzusehen. Diese Tropfsteinhöhle empfand ich als eine echte Touristenfalle, teuer und mit begrenzter Besuchszeit. Ausserdem durfte dort nicht fotografiert werden. Wegen des schlechten Wetters musste ich im Holiday Park um eine Nacht verlängern.

4.12.

Auf dem Weg nach Cambridge gab es rundum schwere, schwarze Wolken. Zum Glück schien die Sonne immer dort, wo ich gerade fuhr. Kaum hatte ich eingecheckt, prasselte schwerer Regen nieder. Am nächsten Tag wollte ich ein Stück weiter in Richtung Tauranga fahren, mit Pech müsste ich achtzig Kilometer am Stück fahren. Es konnte gut sein, dass die alternative Strecke zur Hauptstrasse, die ich nehmen wollte, keine Übernachtungsmöglichkeiten bot, denn sie führte durch nur von Bauernhöfen besiedeltes Gelände. Der einzige Vorteil dieser Strecke war, dass es fast keinen Schwerverkehr geben sollte. Da hatte ich mich aber getäuscht, auch auf dieser Strecke ratterten die Lastwägen an mir vorbei.

Dank des schönen Wetters erreichte ich neun Stunden später Tauranga. Ich blieb eine Nacht im Backpackers und traf am nächsten

Morgen die Frau, die ich in Wellington kennengelernt hatte, und wohnte dann drei Tage lang bei ihr.

8.12.

Mein neues Ziel war Athenree, wo es einen Campingplatz mit Mineralbad gibt. Das Wetter war am Morgen nicht gerade freundlich, nachdem es die ganze Nacht geregnet hatte, aber dann hellte es langsam auf. Es war schwülwarm, blieb aber trocken, sodass ich mir einen Abstecher nach Katikati erlaubte, um dort die Katikati Bird Gardens zu besichtigen. Am nächsten Tag fuhr ich bei schönem Wetter nach Waihi.

10.12.

In Te Aroha sollte es laut Besucherzentrum einen schönen Campingplatz geben. Wieder einmal Fehlalarm, denn er sah nur auf dem Papier so schön aus und das Restaurant entpuppte sich als eine reine Spelunke. Hygiene war hier ein Fremdwort. Kaum hatte ich eingecheckt, wollte mir die Putzfrau anordnen, wo ich mein Fahrrad abzustellen habe. Ich solle es hinter das Haus stellen, ohne dass es dort ein Vordach gegeben hätte, und festzurren konnte ich es auch nirgends. Mein Fahrrad bleibt nachts nie draussen, ausser es ist geschützt und unter einem guten Dach! Ich erklärte ihr kurzentschlossen, dass mein Velo bis zum Abend vor meinem Zimmer unter dem Dach stehen und danach im Zimmer verschwinden werde. Sie schaute mich ganz verdutzt an, machte rechtsum kehrt und verschwand.

Am nächsten Tag radelte ich nach Hamilton und spulte die letzten vierundfünfzig Kilometer vor Weihnachten ab. Bis zum 20. 12. blieb ich dort im Eagle Nest Backpackers und wollte danach zu Belinda übersiedeln. So hatte ich Zeit, Hamilton gründlich anzuschauen und noch einige Besorgungen zu machen.

Im Backpackers erlebte ich schon am ersten Abend eine seltsame Überraschung, denn ich wurde in ein Zimmer mit einer sehr komischen Frau gewiesen. Nicht lange danach erschien sie mit einem eher debilen Mann, rannte sofort ins Zimmer und schloss die Tür ab. Nachdem ich geklopft und niemand geöffnet hatte, holte ich den Besitzer und der sperrte auf. Mit dem Resultat, dass die beiden im Bett lagen. Der Chef zitierte den Mann hinaus. Bald darauf stürzte die seltsame Dame ins Zimmer, tobte, hielt mir die Faust vor das Gesicht und drohte, sie werde mir mein Fahrrad zerstören, wenn ich mich getraue, nochmals ins Zimmer zu kommen. Schliesslich sei das ihr Ehemann. Dann stellte sich aber schnell heraus, dass sie eine Nutte ist.

Natürlich beschwerte ich mich ein zweites Mal. Jetzt drohte ihr der Chef, dass er sie von der Polizei abführen lasse, wenn sie sich nicht normal verhält. Danach kam sie wie ein Lämmlein zu mir und entschuldigte sich. Ich weigerte mich aber, mit diesem Luder im selben Zimmer zu übernachten, und bekam für diese erste Nacht ein anderes. Am nächsten Morgen musste sie bis um zehn das Hostel verlassen haben und hatte kein Recht mehr zu bleiben, obwohl sie bereits für eine Woche bezahlt hatte.

22.12.

Ich wechselte vom Backpackers zu Belinda. Wir arbeiteten viel im Garten, backten Guetzli und machten zwischendurch, wenn die Sonne kurz hinter den dicken Wolken hervorschaute, einen kleinen Spaziergang. Weihnachten feierten wir mit ihrer Familie und anderen Bekannten vom Schweizer Club. So verrann die Zeit im Nu und am 27.12. verabschiedete ich mich von Belinda und radelte weiter in Richtung Norden.

Seit zwei Tagen war es nun endlich wieder trocken. Schon wieder gab es einen Engel auf der Strasse, ein junger Mann kam auf mich zu und lud mich ein, mit ihm zu kommen. Die schöne Strasse hatte sich plötzlich in eine schreckliche Baustelle verwandelt und zwischen den Autos und der Strasse gab es kaum mehr Platz für mich. Gerne nahm ich diese Einladung an. Mit einem festen Griff hievte er mein Rad samt Gepäck über die Leitplanke und schwups verschwand das Rad im Fond seines Autos. Zirka zehn Kilometer später lud er mich wieder ab. Vorher hatte er mir noch eine verlassene Schule gezeigt, die, in einem Waldstück gelegen, einen fantastischen Ausblick auf Auckland bot. Er setzte mich auf einer Nebenstrasse ab und so konnte ich noch einige Zeit ruhig dahinradeln. Ich musste in einem teuren Motel übernachten, denn es war wieder einmal wie immer: Wenn es keine Konkurrenz gibt, steigen die Preise und das Preis-Leistungsverhältnis stimmt nicht mehr.

29 12.

In Auckland fand ich nur mit Müh und Not eine Bleibe: Die erste Nacht verbrachte ich im Best Western, die zweite im Holiday Inn, beide Nächte zu horrenden Preisen. Am nächsten Tag wollte ich nochmals zum Flight Center, denn die Kiwis rieten mir alle, im März nicht nach Darwin zu fliegen, dort sei es dann noch zu heiss und die Regenzeit noch nicht vorbei. Daher buchte ich meinen Flug von Darwin nach Adelaide um.

Die Preise im Holiday Inn liessen mich am nächsten Morgen acht Stunden weiterfahren, denn ich hatte mir in den Kopf gesetzt, bis Cape Reinga zu radeln. Endlich dem Wirrwarr des Flughafengeländes entflohen, suchte ich in Onehunga die richtige Strasse, als mich ein älterer Herr ansprach. Wo ich hinwolle, fragte er. „Eigentlich suche ich die Strasse zur Fähre." „Na ja, wenn Sie wollen, werde ich Sie begleiten." Er war seit neun Jahren pensioniert und seine Frau arbeitete noch.

Daher fuhr er einfach jeden Tag einige Stunden mit dem Rad in der Stadt herum. Ich sagte zu und er manövrierte mich elegant durch die vielen Strassen und bewachte am Hafen auch mein Rad, bis ich mein Ticket gelöst hatte. Aus Dankbarkeit gab ich ihm meine E-Mail-Adresse und lud ihn und seine Frau zu mir in die Schweiz ein. Kurz vor Albany fand ich dann ein schönes Motel.

31.12.

Die Hügel wollten nicht enden. Ich hatte vor, bis Wellsford zu radeln, merkte aber bald, dass ich die fünfundachtzig Kilometer bis dorthin unter diesen Umständen nicht schaffen würde. So wendete ich wieder meinen Trick 77 an. Es dauerte keine zwei Minuten, bis ein Auto stoppte und der Fahrer mich fragte, wohin ich wolle. Der Zufall wollte es, dass er auch nach Wellsford fuhr, denn er feierte dort mit Freunden Silvester. Er lud mich am Dorfeingang ab und schon nach zehn Minuten hatte ich eine billige Bleibe.

Am nächsten Tag fuhr ich nur vierzig Kilometer, denn die vielen Hügel bis Waipu kosteten sehr viel Kraft. Ich musste das Fahrrad fast zehn Kilometer den Berg hinauf schieben, ergatterte dann aber im Backpackers ein billiges Einzelzimmer.

2.1.2019

Endlich durfte ich vierzig Kilometer auf einer ebenen Strasse radeln, das war wie Balsam für meinen geschundenen Körper! Ich blieb dann zwei Tage in Whangarei, denn ich musste zum 2degrees, einem Handygeschäft, um mein Guthaben aufzuladen, und auch zur Post, um ein Paket nach Hause zu schicken.

3.1.

Von Whangarei nach Kawakawa legte ich auf einer sehr flachen Strasse zweiundfünfzig Kilometer zurück. In diesem Kaff liess ich mich für die Nacht nieder, das Hotel nannte sich Hunter Star, aber die Sterne waren schon lange heruntergefallen. Zurück blieb eine hoffnungslos verlotterte Bude aus dem Jahr 1876, die von einem jungen Inder und dessen Mutter geführt wurde. Die Serviertochter dürfte auch aus dem Mittelalter stammen. Dementsprechend war auch die Hygiene, denn es fehlte an allem. Die Toilette sah so entsetzlich aus, dass ich es vorzog, die öffentlichen Toiletten in der Stadt zu benutzen, die allesamt sehr sauber waren. Also, kurz gesagt, ein Hotel nach indischen Verhältnissen.

Als ich dann am Abend mein Bett betrachtete, merkte ich sofort, dass in diesen Laken schon jemand geschlafen hatte. Kurz entschlossen rannte ich die schmutzige Treppe hinunter und reklamierte. Der Sohn beorderte die Mutter, mir saubere Wäsche zu geben, was sie mit verbissener Miene auch tat. Als ich sie dann aufforderte, mir auch einen sauberen Kissenbezug auszuhändigen, streifte sie mich mit einem giftigen Blick, den ich natürlich ignorierte. Na ja, vielleicht war das ja nur der Vorgeschmack auf Südamerika.

Eigentlich erwartete ich, dass ich nach dem Ärger mit den Leintüchern in einen erholsamen Schlaf fallen würde. Weit gefehlt, denn um einundzwanzig Uhr dreissig kamen die Serviertochter und die Putzfrau in ihr Zimmer, veranstalteten ein riesiges Geschnatter und spielten laut Musik. So gegen ein Uhr dreissig klopfte ich das erste Mal gegen die Wand, was für einige Minuten wirkte, doch dann ging es einfach etwas leiser weiter.

Um drei Uhr früh hörte ich, wie der junge Inder aus seinem Zimmer kam und die beiden trennte. Ab sofort kehrte Ruhe ein, doch leider nur für eineinhalb Stunden, denn dann kamen drei Inder und veranstalteten auf dem Flur einen riesigen Lärm, der zum Glück nach einer Viertelstunde wieder verstummte. Endlich konnte ich wieder einschlafen. Ich wachte dann aber um sechs Uhr auf und veranstaltete meinerseits einen riesigen Lärm, denn bis ich alle Taschen unten hatte, musste ich einige Male die Treppe hochstampfen.

Da die öffentlichen Toiletten aus Sicherheitsgründen in der Nacht ab zehn Uhr geschlossen und erst ab sieben Uhr wieder offen waren, wollte ich vor der Abfahrt um acht Uhr dort noch vorbeifahren. Leider waren sie noch zu, sodass mir nichts anderes übrig blieb, als meine Notdurft im Wald zu verrichten. Im Hunter Star hatte ich mir auch eine Notlösung für die Nacht vorbereitet, falls ich mal musste. Der Abfalleimer, der glücklicherweise aus Plastik bestand, hatte sich prima dafür geeignet und das steinalte Lavabo, das im Zimmer war, hatte das Seinige dazu getan.

4.1.

Auf dem Weg nach Norden gab es wieder viele Steigungen. Obwohl auf der Karte Campingplätze eingezeichnet waren, fand ich nirgends eine Tafel, auch nicht als Ortsbezeichnung. Die beiden Cafés, die gross am Wegrand Reklame machten, waren geschlossen und das vermutlich seit Jahren, mir gähnten nur Ruinen entgegen. Weiter oben war ein kleiner Kiosk, der Eiscreme und andere köstliche Dinge anbot. Beim Näherkommen stand dann allerdings gross auf einem Schild: „sorry, closed".

In Mangamuka blieb ich stehen, mir war das Wasser ausgegangen. Daher blieb mir nichts anderes übrig, als bei einem Haus zu klopfen und um Wasser zu bitten. Die freundliche Bewohnerin bot mir an, bei ihr im Garten mein Zelt aufzustellen. Wenn ich wolle, dürfe ich auch in der alten Kirche übernachten, die für Pilger offen stand. Ich wählte die zweite Variante. Unten floss ein Fluss vorbei und dort wusch ich mich dann auch.

5.1.

Als ob es nicht schon genug Hügel gegeben hätte, die ich überqueren musste! Am nächsten Morgen gab es dann eine weitere Überraschung: Nachdem ich nur ganz kurz ein ebenes Stück gefahren war, kam mir eine Herde Kühe entgegen. In der Nacht hatte ich immer wieder einen Hund bellen gehört, der offensichtlich den Bauern darauf aufmerksam machen wollte, dass seine Vierbeiner ausgebüxt waren. Nachdem ich sie langsam in eine Wiese neben der Strasse getrieben hatte, frassen sie die erlesenen Kräuter und waren zufrieden. Ich hatte keine Ahnung, wo der Bauer wohnte, und hoffte, dass er seine Tiere wieder alle wohlauf finden würde. Als ich von weitem einen Steilhang sichtete, wusste ich natürlich noch nicht, dass ich neun Kilometer schieben musste. Zum Teil war die Strecke so steil, dass ich fast nicht hochkam. Als es dann endlich wieder flach wurde und sich meine Laune wieder gebessert hatte, ging mir zum zweiten Mal das Wasser aus.

Diesmal klopfte ich bei einem sehr jungen netten Mann an, wurde aber zuerst von seinen drei Hunden begrüsst. Auf hündisch natürlich, mit einem riesigen Gebell, sodass ich nicht an der Haustür klingeln musste. Mit einer vollen Flasche Wasser zog ich weiter, bis ich auf einen winzigen Laden an der Strasse stiess. „Open 7 days", stand mit grossen Lettern über dem Eingang. Aber auch der war geschlossen.

Aber dann öffnete sich ein Fenster und eine freundliche Frau fragte mich, was ich wolle. Ich wollte eigentlich nur einen Kaffee. Ja, den verkaufe sie nicht, aber sie mache mir einen. So sassen wir schliesslich zu viert in ihrer Küche, ihr Lebenspartner und seine Tochter waren auch dabei. Wir kamen ins Gespräch und die Zeit verrann wie im Nu. Als ich dann zahlen wollte, meinten beide: „Nein, das darfst du nicht. Du bist ein Geschenk für uns und der Kaffee ist ein Geschenk von uns an dich."

Die beiden hatten ein wunderbares Stück Land von einer Polynesierin namens Serafina erworben. Man kann auf Google ihren

41

Garten unter „Serafina's Campervan Park and Gardens" finden. Serafina war Gärtnerin gewesen, hatte viele seltene Bäume und Ziersträucher nach Neuseeland gebracht und auf einem riesigen Stück Land angepflanzt. Nach all den Jahren trugen die Bäume nun reichlich Früchte.

Die liebenswerte Frau, die halb Maori war, zeigte mir den ganzen Garten und ich konnte auch einige schon reife Früchte kosten. Sie erzählte mir, dass viele Maori-Pilger hier vorbeikommen, denn der Pilgerweg nach Cape Reinga führt an ihrem Haus vorbei. Ich versprach ihr, falls ich den Weg vielleicht doch noch zu Fuss gehen würde, würde ich bei ihr einen Halt einlegen. In Kaitaia fand ich dann ein schönes und billiges Hostel.

6.1.

Fest entschlossen, bei diesem schönen Wetter weiterzuradeln, machte ich mich schon früh auf die Socken. Nie hätte ich gedacht, dass ich bei so vielen Steigungen siebenundachtzig Kilometer zurücklegen würde! Ich stoppte dann in Waitiki, der letzten Übernachtungsmöglichkeit vor dem Cape Reinga. Sündteuer natürlich, wie immer, wenn weit und breit keine Konkurrenz lauert. Die neunzig Dollar war das sehr einfache Zimmer nicht wert und die vielen Moskitos liessen mich keine Sekunde schlafen. Am Morgen lagen sie zu Tausenden auf dem Boden. Das WC war schwarz von all den Mücken, die in der Nacht gestorben waren. Ich ärgerte mich schrecklich; für diesen Preis hätten sie doch wenigstens Fliegengitter montieren können! Nicht nur ich, sondern auch meine Nachbarn, drei Australier, beschwerten sich darüber. Wir tratschten ein wenig und es stellte es sich, dass sie auch am gleichen Tag nach Cape Reinga fahren wollten.

Sie erzählten mir, dass sie die Küstenstrasse zurückfahren würden und so die vielen Steigungen vermeiden wollten. Wenn ich wolle, könne ich mich ihnen anschliessen. Am Cape gesellte sich noch ein Pole zu uns, den die drei vor einem Tag eingeholt hatten und mit dem sie ein Stück gefahren waren. Ein wenig später als die anderen drei kam ich am Cape an.

Ungefähr einen Kilometer südlich vom Cape überholte mich eine junge Frau mit einem Rennrad und lächelte mich so eigenartig an, als würde sie mich kennen. Das Rätsel löste sich aber schnell auf, denn sie kam auf mich zu und sagte: „Hey, ich kenne dich! Du bist vierundsiebzig Jahre alt, kommst aus der Schweiz und hast schon mehr als dreissigtausend Kilometer hinter dir!" Ich verstand zuerst einmal gar nichts, doch dann schaffte sie Klarheit, indem sie mir erzählte, dass sie im gleichen Laden, in dem ich mir einen Kaffee erbettelt hatte, nach Wasser gefragt habe. Auch sie wurde in die Küche eingeladen und die beiden erzählten ihr von mir. Was für eine wunderbare Geschichte, klingt sie doch fast wie ein Märchen. Immer wieder staune ich, wie klein doch unsere grosse Welt ist!

Ich war natürlich Feuer und Flamme für die Idee, die Schotterstrasse an der Küste mitzufahren, zumindest anfangs. Wusste ich doch eigentlich nicht so genau, was da alles auf mich zukommen würde. Kevins Frau hatte einen Plan und wusste ganz genau, wann die Ebbe einsetzt und wann die Flut wieder kommt. Wir hatten zirka drei Stunden zur Verfügung, um die fünfzig Kilometer zu radeln. Es stellte sich dann aber bald heraus, dass die Zeit nicht reichen würde und wir uns nach einem Zeltplatz in den Dünen umsehen mussten. Gerade noch rechtzeitig fanden wir eine wunderbare Bucht, in der wir vor Wind und Wasser geschützt waren. Eilends stellten wir unsere Zelte in den warmen Sand, bevor es dunkel wurde. Verklebt und mit Sand überpudert mussten wir uns zum Schlafen legen, denn das Wasser war zirka fünfzig Meter entfernt, und bis wir wieder bei unserem Camp gewesen wären, hätte noch mehr Sand an uns geklebt.

Ich schlief schnell ein, aber als ich um zwei Uhr nachts aus dem Zelt kroch, präsentierte sich mir ein tiefblauer Nachthimmel mit einem fantastischen Sternenmeer. Ich stand da ganz alleine, um mich totale Stille, nur ein leichtes Sommerlüftchen strich durch mein ungekämmtes Haar und in der Ferne schlugen leise die sanften Wellen ans flache Ufer. Ich fühlte mich, als wäre ich auf einem anderen Planeten gelandet. Vor mehr als zwanzig Jahren hatte ich diese endlose Ruhe und einen ebenso schönen tiefblauen

Sternenhimmel morgens um vier Uhr auf dem Aelapass in der Schweiz erlebt. Damals hatte ich mit meinem ersten Hund eine Nachtwanderung gemacht. Dieses Gefühl von tiefer Ruhe begleitet mich bis heute.

7.1.

Am nächsten Morgen weckte mich Kevin schon um sechs Uhr, denn wir mussten schnell los. Die Flut hatte sich zurückgezogen und wir konnten fahren. Früh genug erreichten wir festes Land und eine schöne Pilgerherberge, wo wir köstlich frühstückten. Eine Stunde später verabschiedete ich mich von den übrigen. Der Besitzer der Herberge hatte mir angeboten, mich bis zur Hauptstrasse mitzunehmen, da er Einkäufe erledigen musste. Die anderen vier fuhren weitere fünfzig Kilometer auf der Schotterstrasse bis zu ihrem Ende in Ahiapara.

Mir war es doch wohler auf der grossen Strasse, denn der Druck im Rücken, dass man wenig Zeit hat, löste in mir einen schrecklichen Stress aus. Dazu kam, dass meine Lippen vom salzigen Meerwasser aufgesprungen und eine Woche später noch nicht richtig verheilt waren. Ich übernachtete schliesslich auf dem Campingplatz in Pukenui.

8.1.

In Mangonui, nach wieder einmal unendlich vielen Steigungen entschied ich mich dazu, in einem alten Hotel eine Unterkunft zu ergattern. Was mir auch gelang.

9.1.

Als ich so nach Süden radelte, holte mich ein neuseeländischer Radfahrer ein. Wie es so bei Gleichgesinnten ist, hielt er an und wollte wissen, woher ich komme. Er erzählte mir, dass er in seiner Jugend überall auf der Welt Veloreisen gemacht habe. Er wohnte in Wellington und wollte mich zu sich einladen, aber da war ich ja schon zweimal gewesen und ich fuhr nur noch bis Auckland. Er erklärte mir dann, dass man im Alter besser ein E-Bike fahre, das sei am Berg viel einfacher. Da hatte er natürlich recht, beim Runterfahren konnte ich ihn aber überholen, weil er viel langsamer war als ich.

Ich fuhr dann wieder ein grosses Stück, das heisst, ich wollte, aber die vielen Hügel frassen die Zeit. Zirka zwanzig Kilometer vor Kerikeri stoppte ein Maori und sagte: „Komm, steig ein, ich habe dich heute Morgen schon gesehen. Ich fahre nach Kerikeri und dort lade ich dich ab, wo du willst." So entschied ich mich dazu, in Kerikeri in den Holiday Park zu gehen.

Der Fahrer wünschte mir viel Vergnügen und noch eine schöne Weiterreise und sauste wieder davon. Die Maori sind ganz liebe, sehr fromme und hilfsbereite Menschen. Sie sind die eigentlichen Ureinwohner von Neuseeland und aus Polynesien eingewandert. Sie lachen immer, das heisst ihr Gesichtsausdruck verleiht ihnen einen ständig fröhlichen Ausdruck. Sie sind mit wenig zufrieden und ihre braune Hautfarbe hat einen ganz besonderen Reiz.

Im Holiday Park konnte ich bei diesem schönen Wetter endlich wieder einmal mein Zelt testen. Ich buchte gleich zwei Tage, denn mein Enkel wollte mich am nächsten Abend anrufen. Er machte einen Vortrag über meine Reise und wollte mir einige Fragen stellen. Auf dem Campingplatz war die Internetverbindung sehr gut und ausserdem nutzte ich die Zeit, um einige Kleidungsstücke zu waschen, die Stadt zu besichtigen und wieder einmal lange zu schlafen.

10.1.

Auf dem Weg nach Kaikohe verfuhr ich mich leider, denn auf den vielen Nebenstrassen gab es leider keine Wegweiser bei den Abzweigungen. Nach langem Fragen fand ich dann doch endlich meinen Weg und war schliesslich heilfroh, wieder auf der Hauptstrasse zu sein. Wie viel einfacher war es da, eine Unterkunft oder einen Laden zu finden! Im Left Backpackers, das nach Weihnachten neu eröffnet wurde, fand ich eine sehr saubere und günstige Unterkunft. Dort blieb ich auch zwei Nächte, denn beim hinteren Rad verlor ich einfach zu viel Luft. Schliesslich fand ich heraus, dass das Ventil nicht mehr dicht war und dort die Luft entwich. Ausserdem sollte es am nächsten Tag sowieso schlechtes Wetter geben.

Die freundliche Managerin des Backpackers lud mich ein, in ein Thermalbad in der Nähe zu gehen, sie müsse da sowieso vorbeifahren und würde mich nach einer Stunde wieder abholen. Das Thermalbad hatte mehrere Becken mit unterschiedlichen Temperaturen. Das heisseste hatte siebenundvierzig Grad und das kälteste gerade einmal achtzehn Grad. Je dunkler die Brühe, desto heisser war das Wasser. Die Backpacker-Managerin erzählte mir, dass sie an einer Knochenkrankheit leide und jedes Mal, wenn sie dort eine Stunde im Wasser gesessen sei, danach drei Tage lang schmerzfrei sei. In der Zwischenzeit wurde mein Fahrrad im Veloladen vis-a-vis wieder auf Vordermann gebracht.

12.1.

Dieses Mal kam ich nur bis Rawene. Auf dem Weg dorthin radelte ich durch eine sehr schöne Gegend, allerdings mit vielen Hügeln. Im Holiday Park ergatterte ich mir eine herzige kleine Hütte. Hoch über der Strasse, weitab vom Lärm schlief ich endlich wieder einmal tief und fest.

13.1.

Eigentlich hatte ich mir vorgenommen, an diesem Tag sechzig Kilometer weit zu fahren, aber der Gegenwind und ständig einsetzende Regengüsse zwangen mich dazu, früher aufzuhören. Also blieb ich in Omapere in der netten Globetrekkers Lodge, die sauber und sehr familienfreundlich war. Als ich später zum nahen Laden lief, sah ich einen Brand in der Nähe. Die Feuerwehr war schon da und einer der Feuerwehrmänner sprach mich an: „Hey, young lady, I know you!" Ich staunte und sagte ganz verblüfft zu ihm: „Junger Mann, nimm deinen Helm ab!" Dann erkannte ich ihn, er war der Besitzer des Campingplatzes in Rawene, auf dem ich die letzte Nacht verbracht hatte. Er war es, der mir mein schweres Rad den Berg hochgeschoben hatte. So ein Zufall! Er war hier bei der Feuerwehr tätig und hatte so einen kleinen Zustupf zu seinem Einkommen auf dem Campingplatz.

14.1.

Hin- und hergerissen vom unsicheren Wetter schwankte ich, ob ich eine weitere Nacht bleiben oder weiterziehen sollte. Der junge

Mann, der in meinem Zimmer war, schnarchte die ganze Nacht, sodass ich nicht mehr als zwei Stunden schlafen konnte, was ein guter Grund war weiterzufahren Wenn ich Pech hätte, würde er eine weitere Nacht bleiben.

Schon seit Tagen säumten Bambushaine den nahen Strassenrand. Sie singen ihre eigene Melodie, wenn der Wind die grossen Rohre aneinander reibt. So zog ich unausgeschlafen von Omapere weiter und landete schliesslich im Waipoua Forest Campground. Der lag mitten im Wald, war idyllisch und ganz ruhig, denn hierher kamen nur Naturverbundene. Endlich konnte ich eine ganze Nacht durchschlafen, ohne aufzuwachen. Dafür bezahlte ich aber einen hohen Preis, denn ich musste mein Rad fünfzehn Kilometer den Berg hochschieben, konnte aber auch wieder ebenso viele hinuntersausen. Auf dem letzten Drittel des Weges konnte ich noch den höchsten und ältesten Baum Neuseelands, der zweitausend Jahre alt ist, bewundern.

15.1.

Als hätte ich nicht schon genug Hügel überquert, fingen die Steigungen dieses Mal schon früh am Morgen an. Zwischen Regen und Sonnenschein radelte ich bis Dargaville und fand dort im schönen und gut erhaltenen Backpackers eine günstige Bleibe. Es ist schon so, dass es ganz auf den Besitzer ankommt, ob ein Hostel ordentlich geführt wird.

16.1.

Eigentlich hatte ich keine Eile, die viele Zeit, die mir bis zu meinem Abflug nach Australien zur Verfügung blieb, liess mich langsam reisen. Hinter mir war eine schwarze Wolkenwand, als ich am frühen Morgen das Hostel verliess. Schon bald schien aber die Sonne vom Himmel und der Tag versprach, dass ich nicht nass werden würde. Es ging nach Ruawai. Endlich war einmal alles eben und so konnte ich in einem rassigen Tempo schnell viele Kilometer abradeln.

Ungefähr sechs Kilometer vor Ruawai sah ich in einem Graben ein Schaf bis zum Hals im Wasser stehen. Es konnte nicht mehr heraus, denn es war im Schlamm versunken. Ich stellte mein Rad sofort zur Seite und stoppte die herannahenden Autofahrer. Keiner hatte Interesse zu helfen, sie betrachteten die Situation und riefen die Polizei, die aber nicht kam. Als dann ein Bauer mit seinem Traktor ankam, hoffte ich, dass er mir zur Seite stehen würde, aber er erklärte mir, dass er dem Bauern per Telefon Bescheid geben wolle.

Als nichts passierte, suchte ich in den Taschen nach meinem Sturmseil und konnte mit seiner Hilfe das Schaf näher an die steile Böschung ziehen. Ich fasste seinen Kopf und zog nun Schritt für Schritt das arme Geschöpf aus dem Wasser. Es war so schwach und unterkühlt, dass es seine Hinterbeine nicht mehr bewegen konnte, und so schleifte ich es hinauf auf die ebene Fläche, wo ich dann mit dem Massieren begann. Eine Stunde lang bewegte ich seinen Körper und merkte, wie gut es ihm tat, denn es begann die Augen zu öffnen und bewegte ein wenig seine Beine. Die wärmende Sonne tat das Ihrige dazu bei.

Als das Schaf sich etwas besser fühlte, zog ich es Schritt für Schritt zwanzig Meter weiter aus der Gefahrenzone und konnte danach das offene Tor, das eigentlich hätte geschlossen sein müssen, schliessen. Anschliessend rannte ich auf dem verlassenen Hof auf der Suche nach irgendeiner Decke herum, um das arme Schaf zuzudecken. Auf einem alten Traktor fand ich einen gelben Regenschutz und der war perfekt, denn der Plastikstoff wärmte das Schaf zusätzlich. Dann massierte ich weiter, bis ich im gegenüberliegenden Gebäude plötzlich einen Nachbarn sah.

Ich rannte ihm entgegen und erzählte ihm die Geschichte. Er kam sofort mit mir und trug das immer noch nasse, nun aber aufgewärmte Schaf in den nahen Schuppen, wo ich ihm den Regenmantel unter seinen Körper legte. Der Nachbar erklärte mir, dass beide Besitzer arbeiten und erst am späten Abend zurückkehren würden, er aber wolle sie anrufen und informieren. Er selber, so versprach er mir, wolle immer wieder mal nach dem Tier schauen.

Dann zog ich weiter und landete in Ruawai in der Travellers Lodge. Da die Herberge besetzt war, weil eine obdachlose Familie drinnen wohnte, machte mir die Besitzerin das Angebot, in ihrem

Haus, das daneben stand, zu logieren. Dort fühlte ich mich wie zu Hause. Am Abend bot mir die Besitzerin an, mich zum Bauernhof zu fahren, damit ich nach dem Schaf sehen konnte, was ich sehr gerne annahm. Mein Weg führte mich direkt in den Schuppen und dort stellte ich mit Freuden fest, dass nur noch der Regenmantel und ein nasser Fleck zu finden waren. Sicherheitshalber suchte ich noch den ganzen Schuppen ab, es hätte ja sein können, dass sich das Schaf im Gebäude verirrt hatte. Gottlob fand ich nichts.

Nach näherem Hinschauen entdeckte ich, dass das geschundene Tier zwischen den anderen Schafen Gras frass. Nur noch das struppige Fell zwischen den Beinen verriet, dass es so lange und vermutlich schon die ganze Nacht im Wasser hatte ausharren müssen.

Ich beschloss, noch eine Nacht in Ruawai zu bleiben, denn der Wetterbericht meldete Regen, und da ich genügend Zeit zur Verfügung hatte, genoss ich die billige Unterkunft.

18.1.

Beatrice, die Besitzerin der Lodge, und ich unternahmen eine Spritztour, denn das Wetter hielt und sie wollte unbedingt wieder einmal auf den Vulkankegel steigen. Alleine hatte sie den Mut nicht, zu Recht, denn wenn man ausrutscht, kommt einem eventuell niemand zur Hilfe. Ich sagte zu und wir fanden oben eine wunderbare Aussicht, die unsere Blicke weit über das Tal schweifen liess. Sie hatte nach dem Aufstieg noch nicht genug und lud mich ein, doch noch zu einem anderen Berg zu fahren, um dort aber nur um den Fuss herum zu laufen. Müde kehrten wir abends nach Hause zurück. Beatrice hatte sich im Wald noch einige Pflanzen angeeignet, die sie in den Garten setzen wollte.

20.1.

Ich fuhr früh los und fand in Mangaturoto einen steinalten Hotelkasten, die einzige Unterkunft in dieser Gegend. Die Besitzerin, die stockbetrunken war, aber immer nett, zockte mir sechzig Dollar ab, was natürlich mehr als überrissen war. Diese Dreckbude war nicht mehr als fünfundzwanzig Dollar wert. So oft ich die Chefin sah, hing sie am Whiskyglas. Hoffentlich ist das Wetter am nächsten Tag trocken, denn hier wollte ich keinen weiteren Tag bleiben.

21.1.

Bis Wellsford waren es fünfunddreissig Kilometer. Leider gab es auf den Nebenstrassen keine günstigen Übernachtungsmöglichkeiten in einer vernünftigen Entfernung. So blieb mir keine andere Wahl, als in einem teuren Motel an der Hauptstrasse zu übernachten. Wenn ich zurück auf die Nebenstrasse wollte, musste ich am Morgen wieder vier Kilometer zurückfahren. Das wollte ich aber erst am nächsten Morgen entscheiden.

22.1.

Ich fuhr dann doch zurück und nahm die gelbe Route auf den Nebenstrassen. Es gab wieder sehr steile Hügel, aber die Aussicht nach den Steigungen spülte den Ärger wieder weg. Die letzten acht Kilometer nahm mich ein junger Kiwi-Engel mit und lud mich vor dem einzigen, allerdings teuren Hotel in Kaukapakapa ab. Ich fragte nach einer anderen, billigeren Unterkunft, aber der Hotelier gab mir zur Antwort, dass es nur in Helensville noch eine gebe, die aber hundertachtzig Dollar koste. Er reduzierte mir dann den Preis um zwanzig Dollar und gab mir auch die WiFi-Verbindung gratis dazu, die sonst noch zusätzliche zehn Dollar gekostet hätte.

23.1.

Schon am Vortag waren am Himmel schwarze Wolken aufgezogen. Am Morgen wäre ich am liebsten eine weitere Nacht geblieben, aber es war mir einfach zu teuer. Die Wolken hingen tief und schwarz über den Hügeln. Also richtete ich mich auf Regen ein und zog mir meine Regenkleider über. Nach einer Stunde schüttete es bereits wie aus Kübeln und ich tropfte wie eine lecke Wasserleitung. Mein Ziel für den Tag war Muriwai. Glücklicherweise war die Strasse auf den ersten zwölf Kilometern relativ flach und gegen Nachmittag verzogen sich die Wolken und die Sonne trocknete meine Kleidung. Doch dann wurde es plötzlich wieder steil und ich schob wie schon üblich mein Velo den Berg hoch. Noch schlimmer war dann die Ernüchterung am Schluss, denn der Campingplatz lag ganz unten am Meer und daher musste ich am nächsten Tag wieder mindesten sechs Kilometer schieben, was aber ja noch zwei Tage vor mir lag. Dank des angenehmen Wetters stellte ich wieder einmal mein Zelt auf und fand heraus, dass das Übernachten in Hotels einfach besser ist.

24.1.

Ich schlief lange und ging danach zum Strand. Der kohlschwarze Vulkansand lud nicht gerade ein, ein Tuch hinzulegen und sich zu sonnen. Ich sah auch niemanden, der sich das zumutete. Das Schwimmen im Meer war auch nicht ungefährlich, Tafeln wiesen daraufhin, dass man nur zwischen den ausgesteckten Pfählen ins Wasser gehen solle und nur dann, wenn die Rettungsschwimmer vor Ort sind. Es gebe Geysire und tiefe Wasserlöcher mit Strudeln. Daher sah ich ausser einigen Surfern, und die waren nur am Rande anzutreffen, niemanden im Wasser. Beim näheren Betrachten des Wassers konnte ich tatsächlich eine aufsprudelnde Brühe unter der Wasseroberfläche entdecken, wo das heisse Wasser an die Oberfläche drang.

Ich lief ungefähr eine Stunde dem schwarzen Strand entlang und kam zu einer Stelle, wo man hochsteigen konnte, um brütende Vögel zu betrachten. Es war spannend zuzuschauen, wie sie von ihren Eltern gefüttert werden. Da nicht alle gleich alt waren, gab es auch schon welche, die eifrig Flugübungen machten.

25.1.

Nachdem ich die ganze Nacht schlecht geschlafen hatte, räumte ich früh zusammen und verliess um acht Uhr den Campingplatz. Nach acht Stunden und dreiundsechzig Kilometern erreichte ich Takapura in der Nähe von Auckland. Es war nicht leicht, dort eine Unterkunft zu finden, denn es stellte sich heraus, dass es ein verlängertes Wochenende gab und viele Übernachtungsmöglichkeiten ausgebucht waren. Auf dem Holiday Campground fand ich dann aber eine vernünftige und vor allem sehr schöne, angenehme Unterkunft in einem Bungalow.

Ich vermute, dass Belinda wieder fleissig gebetet hatte. Entweder war es Zufall oder Schicksal, denn ich beschloss am Morgen, eine weitere Nacht zu bleiben, um den Weg zur Fähre in Ruhe auszukundschaften. Sieben Kilometer zeigte mein Tacho an, als ich endlich unten am Hafen stand.

Als ich zirka einen Kilometer vor dem Hafen nachschaute, wo ich langfahren musste, ging neben mir auf dem Gehsteig eine ältere, sehr feine Dame, die sich sehr für mein Fahrrad interessierte. Sie wollte viel wissen und so fragte ich sie nach dem Weg zur Fähre. Sie wollte eigentlich zur Kirche, hatte sich dann aber des schönen Wetters wegen anders entschlossen. Sie komme mit mir und so könne ich ihr noch etwas von meinen Reisen erzählen, schlug sie mir vor. Am Hafen bestellte sie in einem Café sofort zwei grüne Tees und wir kamen ins Gespräch.

Ausserdem buchte sie mir für den nächsten Abend ein Backpackers, denn sie meinte, es könne wegen des verlängerten Wochenendes knapp werden. Das Tüpfelchen auf dem i war aber, dass sie mich für den Abend zum Dinner einlud. Um sechs Uhr abends solle ich vor dem Backpackers auf sie warten.

So pünktlich wie sie, chauffiert von ihrem Exmann, aufkreuzte, war ich es von den Kiwis nicht gewohnt. Sie wollte mir dann ein Stück von ihrer Lebensgeschichte erzählen. Sie war äusserst freundlich und zuvorkommend und nannte mich bei jeder Gelegenheit „darling" und „sweetheart". Das war zwar etwas befremdend für mich, aber als sie dann mit ihrer Schwägerin telefonierte und den gleichen Umgang pflegte, war es für mich kein Problem mehr, mit ihr zum Dinner zu gehen. Ich hatte sie vorgewarnt, dass ich keine noblen Kleider mithätte. Also meinte sie: „Okay, wir gehen lokal essen." Nachdem sie mich überschwänglich begrüsst hatte, suchten wir uns ein geeignetes Restaurant und wurden schnell fündig. Ich genoss den Abend, war er doch eine Abwechslung zum üblichen Radfahreralltag.

Sie bot mir auch an, mich zum Flughafen zu bringen und mir beim Verpacken meines Rades behilflich zu sein. Na ja, da war ich mir noch nicht sicher, denn wenn ich alles selber mache, finde ich meine Sachen wieder leichter. Sie meinte ausserdem, dass ich Auckland noch zu wenig kenne und sie mir die Stadt noch etwas näherbringen könne.

Wie von ihr empfohlen, fuhr ich den Fahrradweg rund um die Waterfront ab. Die ganze Strecke betrug hin und zurück vierzehn Kilometer. Der Strand war einzigartig, ganz gelb, und viele Badende tummelten sich in den Buchten. Da das Wetter grossartig war, genoss ich es noch ein wenig, in einem Strassencafé zu sitzen und das Treiben der Touristen zu beobachten. Eigentlich hatte ich geplant, mit dem Bus nach Whitford zu fahren, denn aus diesem Wirrwarr von Strassen herauszukommen kostet einiges an Nerven. Leider musste ich beim Busterminal feststellen, dass es bei den Metrobussen keine Möglichkeit gibt, das Fahrrad mitzunehmen. Also blieb mir nichts anderes übrig, als zu radeln. Das war auch der Grund, weshalb ich am Nachmittag des Vortags loslief, um die Strasse zu suchen, die mich aus der Stadt bringen würde. Ich ging der Queen Street entlang, und zirka zwei Kilometer später teilte sie sich. Zu meiner Erleichterung gab es dort Tafeln und so fand ich schnell heraus, wo es am nächsten Tag langgehen würde.

Ich schlief diese Nacht sehr schlecht, denn in der Innenstadt war einfach zu viel Lärm. Obwohl die Lokale alle um eine halbe Stunde nach Mitternacht schliessen, grölten einige Betrunkene bis um sechs Uhr früh in den Strassen und wollten auf sich aufmerksam machen.

29.1.

Ich hätte nie gedacht, was für ein seltsamer Tag es werden würde, als ich das Backpackers verliess, um mich auf die Suche nach Whitford zu machen. Diesmal waren es nicht die Hügel, sondern das Chaos auf den Strassen, das meine Nerven strapazierte. Meine Strassenkarte war viel zu gross für die Stadt und Stadtplan konnte ich keinen auftreiben. Daher musste ich mich durchfragen, was mir auch einigermassen gelang. Ich wurde aber einige Male in die falsche Richtung geschickt und so beschloss ich einfach nach Osten zu fahren, denn von dort wollte ich ja auch auf der Nebenroute runter nach Hamilton radeln, um noch einmal meine Freundin Belinda und ihren Mann zu besuchen. Meine Schwiegertochter hatte ein Paket dorthin geschickt, das ich noch abholen musste, bevor ich Neuseeland verliess. Endlich, nach eineinhalb Stunden

53

fand ich am Strassenrand eine Tafel mit der Aufschrift „zwanzig Kilometer bis Whitford". Ich war sehr erleichtert, jetzt konnte nichts mehr schiefgehen. Vor lauter Erleichterung leistete ich mir ein Magnum in einem kleinen Laden.

Als ich mein Fahrrad den Hang hinaufschob, hielt plötzlich eine ältere Frau vor mir an und sagte: „Es ist viel zu heiss, um das Fahrrad zu schieben. Ich lade dich ein, wo willst du hin?" „Nach Whitford", war meine Antwort.

Ich fragte sie nach einer Unterkunft. Es gebe keine, Whitford sei ein kleines Hundert-Seelen-Dorf, aber wenn ich wolle, könne ich zu ihr mitkommen. Sie habe ein verlassenes Bauerngut, dort gebe es eine Loft und dort könne ich übernachten. Ich überlegte nicht lange und sagte zu.

Welche Überraschung mir bevorstand, wusste ich da noch nicht. Als sie ihren Kofferraum öffnete, traf mich fast der Schlag, denn ich sah zwischen all dem Wirrwarr verkotetes und eingenässtes Heu. Ich fragte vorsichtig, ob sie Tiere habe. „Ja, ja, Schafe, aber auf einer anderen Farm." So gut ich konnte, deckte ich mit ihren schmutzigen Tüchern das nasse Heu zu, bevor ich mein Gepäck einlud. Bei mir dachte ich, wie wohl das Haus aussehen würde, und mir bildete sich ein Kloss im Hals.

Sie fuhr mit mir am Dorf vorbei und die Hügel rauf und runter. Immer schmäler wurde die Strasse, bis sie dann plötzlich in einen Feldweg einbog. An vielen schattigen Bäumen und wildwachsenden Stauden vorbei ging's immer weiter in die Wildnis. Ich harrte der Dinge, die da kommen sollten. Plötzlich riss sie das Steuer herum und ich entdeckte einen sehr heruntergekommenen Hof.

„So, da sind wir", meinte sie gelassen. Als sie mich in die Küche führte, traf mich fast der Schlag. Sie öffnete den Kühlschrank und bot mir an zu nehmen, was ich brauche. Was ich da zu sehen bekam, verdarb mir glatt den Appetit. Allein die Tür des Kühlschrankes bot ein Bild des Grauens, denn die hatte bestimmt schon mehrere Jahre lang keinen Putzlappen mehr gesehen.

Wie der Kühlschrank sah auch die ganze Küche aus. Sie und ihr Mann kämen immer wieder hierher, um zu lunchen, weil sie ihre

Tiere auf diesem Gelände weiden lassen und später wieder abholen. Sie empfahl mir, mein Rad in der Garage abzustellen.

Von dort ging's eine Treppe hoch zur Loft. Für mich war es eher ein Schuppen. Ich musste über Hügel von Vogelkot laufen. Ein verlottertes Bett stand am Fenster. Wenigstens brachte sie mir saubere Wäsche. Überall waren Mausnester und riesige runde Löcher, die nie von einer Maus stammen können, eher von Ratten. So gut ich konnte, stopfte ich alle Löcher zu und konnte trotz der grossen Ruhe lange nicht einschlafen. Es kam mir vor, als würde ich im Wirtshaus zur Spessart hausen! Du meine Güte, worauf hatte ich mich da eingelassen! Wie ich am nächsten Morgen da wieder rauskommen würde, stand in den Sternen, denn der schmale, mit losem Kies überzogene Feldweg war viel schlimmer zu fahren, als das Rad eine steile Asphaltstrasse hochzuschieben. Jill hatte keine Ahnung vom Fahrradfahren, sonst würde sie mich am Morgen nicht meinem Schicksal überlassen. Nachdem sie mir versichert hatte, sie komme so gegen vier Uhr am Nachmittag nochmals vorbei, um mit mir zu lunchen, bekam ich ein zweites Mal einen dicken Hals.

Ich hatte zwei Stunden Zeit mir zu überlegen, wie ich es am besten anstelle, nicht von ihren Sachen essen zu müssen. Als sie dann mit etlicher Verspätung ankam, hatte ich schon alle meine Sachen auf dem Tisch, und das waren nicht viele. Zum Glück hatte ich auch gekochte Eier. Ich bot ihr an, was ich hatte, und sie genoss all das frische Gemüse und die Eier.

Als sie mich danach wieder verliess, meinte sie ganz lakonisch: „Myrtha, du kannst jetzt noch abwaschen." Ich wusch nicht nur das Geschirr, sondern auch noch vieles andere, das um den Abwaschtrog herumstand, und nach einer Stunde sah es wenigstens dort so aus, als würde eine Putzfrau täglich vorbeikommen.

Ich glaubte immer, die Backpackers weisen die schlimmsten Räume auf, wurde aber nun eines Besseren belehrt. Aber dass sie etwas daraus lernt, glaube ich nicht. Jill war eine sehr liebe und gutmütige Frau, und auch ihr Mann, den ich nicht zu Gesicht bekommen hatte, musste es sein. Früher, vor der Rente, hatte er für

Greenpeace gearbeitet. Er war Akademiker und sie hatte auch ein Studium absolviert, ich weiss aber nicht, was für eines. Seit sie in Rente sind, betreiben sie einen Bauernhof und haben Masttiere, Schafe und Rinder.

Die idyllische Gegend und die schöne Aussicht von der Anhöhe lassen jedes Städterherz höher schlagen. Schade um so ein schönes Anwesen. Mit ein wenig Aufwand könnte man da eine attraktive Ferienpension eröffnen. Die vielen schattenspendenden alten Bäume alleine bereichern den Hof sehr.

30.1.

Früh am Morgen stand ich auf und packte alles zusammen, damit ich da schnell rauskam. Wie ich vermutet hatte, lief es auf dem flachen Teil des Feldweges einigermassen gut, aber als der Anstieg kam, rutschte ich plötzlich mit dem Fahrrad zurück und nur mit allergrösster Anstrengung konnte ich das Lenkrad zur Seite drehen, um stehenbleiben zu können. Eiligst schnallte ich die grosse Tasche auf dem Gepäckträger ab und trug sie zur asphaltierten Hauptstrasse. Ich hatte aber immer noch grosse Mühe, das Rad mit den vier Satteltaschen den Berg hinaufzuschieben, denn der rutschige, staubtrockene grobe Kies gab wenig Halt. Eigentlich war es ja gut, dass ich Jill getroffen hatte, oder besser gesagt sie mich, sonst wäre ich um ein Erlebnis ärmer gewesen. Land und Leute lernt man nur kennen, wenn man bei ihnen wohnt!

1.2.

Beachlands war mein neues Ziel, denn dort sollte es einen grossen Campingplatz geben und die Distanz dorthin sollte nur zehn Kilometer betragen. Die Übernachtung dort sollte sich aber als schwieriger als erwartet herausstellen. In Beachlands gab es nur diese eine Übernachtungsmöglichkeit, was ja auch gereicht hätte. Als ich beim Campingplatz eintraf, musste ich nochmals zwei Kilometer weiterfahren, bis ich endlich die Rezeption gefunden hatte. Dort angelangt, musste ich einen Telefonhörer abheben und eine Nummer wählen. Dann meldete sich eine Dame und fragte, ob ich online gebucht habe. Ich verneinte, denn erstens hatte ich das nicht gewusst, und zweitens hatte ich keinen Internetzugang gehabt. Darauf antwortete sie: „Ja, dann kannst du hier nicht übernachten!" Wutentbrannt schmetterte ich den Hörer auf die Gabel und ging davon. Ich fand dann einen Arbeiter auf dem riesigen Areal, auf dem mindestens fünfhundert Zelte und Wohnmobile Platz gehabt hätten, das aber nur mit drei Wohnmobilen bestückt war. Ihn fragte ich, ob es in Clevedon, dem nächsten Ort, eine Übernachtungsmöglichkeit gebe. Er meinte, es gebe dort ein Hotel, vielleicht habe es noch Platz.

Leider war es aber auch schon ausgebucht. Die etwas müde Rezeptionistin wies mich an, weitere sechzehn Kilometer zu radeln und es in Kawakawa Bay zu versuchen. Ich konnte nur hoffen, dass ich dort Glück habe. Nach eineinhalb Stunden stand ich auf dem letzten Hügel und liess meinen Blick in die wunderschöne Bucht hinabgleiten. Neben mir stand eine Tafel mit der Reklame für das einzige Motel in diesem kleinen, hübschen Fischerdorf. Ich setzte mich an den Strassenrand und ass eine Kleinigkeit, bevor ich den Berg runtersauste, in der Hoffnung wenigstens hier eine Bleibe zu finden. Wildzelten war ja überall verboten. Jill hatte mir erzählt, dass viele Touristen überall Abfall hinterlassen und auch die Natur als WC benutzt hätten. Daher sei das Zelten ausserhalb der erlaubten Zonen verboten worden.

Ich stand also vor der Rezeption des Motels und ein lächelnder älterer Herr fragte mich, ob ich ein Zimmer suche. Ja, er habe noch welche, die aber nicht billig seien. Mir gebe er aber einen Rabatt, weil ich mit dem Fahrrad hier sei und die Umwelt schone. So zahlte ich anstatt der üblichen hundertfünfundvierzig Dollar nur hundertdreissig und buchte gleich eine weitere Nacht dazu, denn ich wollte am nächsten Tag noch den Rest der Bucht erkunden. Für diesmal hatte ich genug vom Radfahren.

3.2.

Der Holiday Park mit Thermalbad in Miranda war genau der richtige Platz, um mich zu erholen. Das warme Wasser würde meinem geschundenen Körper gut tun. Hier herrschte eine friedliche Atmosphäre und somit war es Erholung pur. Die grosszügige Besitzerin gab mir das Vierbettzimmer um zwanzig Dollar billiger.

Als ich mich dann erkundigte, warum sie so grosszügig sei, sagte sie ganz cool: „Weil du mir sympathisch bist und du die Umwelt schützt." Ich war verblüfft, so hatte sich auch der Besitzer des Motels in Kawakawa Bay verhalten. Einfach tolle Menschen, diese Kiwis!

4.2.

Wie überall auf den Nebenstrassen gab es in Paeroa dasselbe Problem: Als ich im Motel eincheckte, gab es dort keine WiFi-Verbindung. Der Besitzer versprach mir, bis zum Abend eine Verbindung herzustellen, was ihm dann auch tatsächlich gelang. Bei schönem, warmem Wetter war ich von Miranda hierher geradelt. Die ebene Strasse hatte mir eine stressfreie, schnelle Fahrt ermöglicht.

Eigentlich gab es auf den sechsundzwanzig Kilometern einen Radweg, der für mich allerdings unbrauchbar war, denn mit dem schweren Rad war es einfach eine Tortur, auf dem groben Kiesweg zu fahren. Immer wieder, alle fünfzig Meter, musste ich ausserdem einen Kuhstopp passieren und blieb sogar zweimal mit dem Fuss hängen. Daher entschied ich mich dann doch für die Asphaltstrasse, die auch noch andere Vorteile hatte, denn so sah man auch die Hinweistafeln und ab und zu ein Café oder einen kleinen Laden am Strassenrand. Dort konnte ich der grossen Hitze entrinnen und im Schatten genüsslich ein Eis lutschen. Dazu kommt, dass die nicht asphaltierten Strassen staubtrocken sind und der Getränkevorrat schnell aufgebraucht ist.

6.2.

Mein nächstes Ziel war Waihi. Dort gab es neben dem Campingplatz Gehege für Schafe, Lamas und ein junges Schwein. Leider war das Schwein, ich hatte beschlossen es Cherry zu nennen, ganz alleine in seinem riesigen Gehege. Als es mich sah, kam es angerannt und bettelte um Futter. Ausser halb verdorrtem Gras und einem Kübel Schmutzwasser hatte es gar nichts. Also ging ich in die Stadt und kaufte Salat und andere Gemüse für Cherry. Gierig frass das Schwein alles auf. Am Abend und am nächsten Morgen wollte ich ihm nochmals Futter geben. Danach würde ich nach Tauranga weiterradeln.

In Waihi gibt es auch eine Nostalgiebahn für Touristen, die bis Witoko fährt. Touristen können ihr Velo mitnehmen und dann von Witoko mit dem Rad zurückfahren, was auch gerne genutzt wird. Diese originelle Bahn stammt aus der Goldgräberzeit. Es gab zwei Fahrten pro Tag, eine am Morgen und die zweite am Nachmittag. Ich verbrachte einige Zeit auf dem Bahnhof, um rechtzeitig da zu sein, wenn der Zug erschien und mit seiner grossen Dampfwolke die Touristen begeisterte .Eine nostalgische Erinnerung an die alte Zeit, die auch uns heutigen Menschen Gelegenheit zur Musse bietet.

8.2.

In Athenree blieb ich zwei Tage auf einem Campingplatz mit einer Thermalquelle. In der Nacht regnete es ein wenig und der starke Wind rüttelte ganz anständig an meinem kleinen Zelt, sodass ich lange nicht einschlafen konnte. Ich entschloss mich dazu, ohne Gepäck nach Waihi Beach zu radeln, hin und zurück waren das achtzehn Kilometer. Das wunderbare Wetter mit warmer Temperatur und stahlblauem Himmel lockten mich schon früh aus dem Zelt und an den wunderbaren Strand mit gelbem Sand. Das tosende Meer mit den hohen Wellen hielt die sonnenhungrigen Touristen nicht davon ab, sich in den Fluten abzukühlen.

Ich setzte mich an den Strand, um eine Kleinigkeit zu essen. Ganz schnell scharte sich eine grosse Anzahl von Möwen um mich und fing kreischend die Brotbrocken, die ich in die Luft warf. Schön eifersüchtig verteidigten sie ihren Platz auch in der Luft. Möwen sind nur halb so friedlich, wenn es ums Futter geht.

10.2.

Nachdem es vorgestern nur sechzehn Grad gehabt hatte, zeigte sich der Himmel nun wieder stahlblau und das Thermometer stieg rasant an. Ich fuhr nur fünfzehn Kilometer weiter und blieb zwei Tage lang im Backpackers in Katikati.

Dort gab es eine Künstlerin, die grosse Betonwände mit Bildern aus den Fünfzigern verzierte. Ich fand es wunderschön, wie sie die alte Zeit in die heutige Hektik zauberte. Ich hatte die junge Frau beim Malen entdeckt und mit ihr gesprochen. Einfach toll, dass es Menschen gibt, die das Leben mit Bildern verschönern können!

Ich staunte über mich selbst, wie ich nun, da ich langsamer reiste, Dinge bemerkte, die mir vorher nicht aufgefallen waren. Hatte ich doch vorher das grosse Ziel gehabt, alles abzuradeln, so war es nun gut, wenn ab und zu am selben Ort ein zweites Mal ein Halt eingelegt wurde.

12.2.

Tauranga erreichte ich erst viele Stunden später, nachdem ich um acht Uhr am Morgen das Hostel in Katikati verlassen hatte. Es ist immer dasselbe, wenn der Manager selber noch ein Teenager ist. Er war zwar nett und zuvorkommend, aber die Ordnung blieb auf der Strecke, was natürlich auch die Hygiene betraf. Dazu kommt, was auch in anderen Ländern passiert: Wenn etwas schlecht geführt wird, bleiben auch die Touristen fern.

Um doch noch auf einen grünen Zweig zu kommen, werden dann die Hostels mit Wanderarbeitern gefüllt, was üblicherweise zu einem riesigen Desaster führt. Diese kommen an Abend müde von ihrer Arbeit zurück und wüten meistens zu zehnt in der Küche herum, sodass nach kurzer Zeit kein bisschen Platz für die eigentlichen Touristen übrig bleibt. Damit nicht genug; danach verlassen sie die Küche und scheren sich keinen Deut darum, hinter sich aufzuräumen. Der Manager rennt dann selbst zwischen den Tischen herum und wischt mit dem Abtrocktuch einfach alles, was auf den Tischen liegen geblieben ist, auf den Boden. Nachher geht's rund, denn auch der Manager, der aus dem gleichen Land wie die Wanderarbeiter kommt, feiert bis weit nach Mitternacht mit. Auf Touristen, die müde sind und am anderen Morgen wieder ausgeschlafen weiterziehen möchten, wird überhaupt keine Rücksicht genommen. Hauptsache, die Kasse stimmt!

Im ArtHouse in Tauranga buchte ich gleich zwölf Tage. Da ich noch viel Zeit bis zum meinem Abflug nach Australien hatte und die Stadt einiges bietet, hatte ich diesen Ort gewählt. Die erste Nacht musste ich im Harbourside verbringen, denn im ArtHouse war alles ausgebucht. Beide Hostels wurden von sauberen und anständigen Neuseeländern betrieben. Wanderarbeiter gab es hier nicht und um zehn Uhr nachts war totale Nachtruhe. Alkohol war tabu, und wer trotzdem trank, wurde vor die Tür gestellt.

14.2.

Heute feierte ich meinen 75. Geburtstag und entschied mich, das Historic Village am Rande der Stadt zu besuchen. Es sollte sich in der 17th Avenue befinden und ist ein kleiner Teil eines ehemaligen Fischerdorfes, das für Touristen erhalten wurde. Die vielen alten Häuser und die mit Kopfsteinen gepflasterte Strassen ohne Autos und Verkehrstafeln fand ich faszinierend. Eine kleine, heile Welt, in der sich hauptsächlich Künstler niedergelassen hatten. Ich besuchte all die kleinen Läden, um mich umzusehen, nachdem ich auf einer hübschen kleinen Veranda eine Portion Fried Rice und einen Cappuccino genossen hatte.

Der zweitletzte Laden, winzig klein, aber voll mit wunderbaren Bildern, faszinierte mich ganz besonders. Es waren Bilder, bei denen man nicht zuerst eine Erklärung braucht. Moderne Bilder hätten da sowieso nicht hingepasst. Bald tauchte die Besitzerin auf und wir kamen ins Gespräch. Sie war so begeistert von meiner Radtour, dass sie mich zu sich ins Atelier einlud, um mir die Entstehung eines Bildes zu erklären. Ja natürlich, hinter jedem Bild steht eine Geschichte und die interessierte mich eigentlich noch brennender als das Gemälde selbst. Bei einem Glas Wasser plauderten wir eine Stunde lang.

Am Schluss wollte sie wissen, wie alt ich bin. „Seit heute fünfundsiebzig", war meine Antwort. Sie machte einen Sprung in die Luft und rief: „Nein, das darf nicht wahr sein, ich habe heute meinen siebenundfünfzigsten Geburtstag!" Sie hiess Joyce, war gebürtige Holländerin, lebte aber schon seit fünfzig Jahren in Neuseeland. Sie war mit ihrer Familie nach Tauranga übersiedelt, nachdem 2011 ihr Haus in Christchurch bei einem Erdbeben komplett zerstört worden war.

Am nächsten Tag musste ich unbedingt zu einem Velogeschäft, denn die eine Packtasche, die mir bei meinem Unfall in Nelson runtergerissen wurde, wackelte schon wieder.

Am Samstag vereinbarte ich mit Belinda, dass ich sie noch ein letztes Mal mit dem Bus besuchen würde. Meine Schwiegertochter hatte mir zu Weihnachten einige Sachen gesendet, weil sie glaubte, das Paket würde mich noch erreichen, als ich bei Belinda und ihrer Familie in Hamilton Weihnachten verbrachte. Das Paket war nun angekommen und ich wollte es bei Belinda abholen. Belinda lud mich ein, doch noch eine Nacht bei ihrer Familie zu verbringen, was ich auch gerne annahm.

Am Sonntagmorgen rief mich dann Beatrice aus Ruawai an und sagte lachend: „Hey, wo bist du? Ich stehe vor dem Backpackers in Tauranga und suche dich!" Sie meinte, sie habe ihre Meinung geändert und sei halt ein Tag früher gekommen. „Ich bin in Hamilton und komme erst am Nachmittag mit dem Bus nach Tauranga", antwortete ich. Wohl oder übel musste sie ausharren, bis mich der Bus zum Busbahnhof gebracht hatte.

Am Nachmittag zogen Beatrice und ich durch die Strassen, um Lebensmittel für das Abendessen einzukaufen, das wir dann in meinem Hostel kochen wollten. Dann tauchte das zweite Problem auf, denn Beatrice wollte mich am gleichen Tag entführen und mit mir fünf Tage lang bei ihrer Schwester in Matata bleiben.

Der Besitzer des ArtHouse lehnte es aber ab, mir das Geld für die Unterkunft, das ich schon bezahlt hatte, zurückzugeben, es sei denn, ich hätte die Kündigungsfrist von sieben Tagen eingehalten. Das wäre für mich natürlich nicht möglich gewesen, da ich überhaupt nichts von Beatrices Plänen gewusst hatte.

Ich entschied mich daher dazu, doch im Backpackers zu bleiben.

Am nächsten Morgen nahmen wir den Bus und wanderten auf den Gipfel vom Mount Manganui. Eine traumhafte Rundsicht belohnte uns nach einem vierzigminütigen Aufstieg. Anschliessend wanderten wir nochmals zum Historic Village, das ich ihr unbedingt zeigen wollte. Leider waren an diesem Montag all die kleinen, hübschen Läden geschlossen, nur das Café hatte noch seine Tore offen.

Am Dienstagmorgen stand Beatrice, die in einem anderen Hostel untergebracht war, schon früh auf meiner Matte und bestürmte mich wieder: „Komm doch, ich will nicht zehn Tage in Tauranga bleiben." Also beschloss ich, mein Gepäck in meinen abschliessbaren Kasten zu stecken. Die grosse Tasche und den Schlafsack liess ich unter dem Bett und so konnte zumindest mein Bett nicht weitergegeben werden. Wir fuhren mit ihrem Auto nach Matata zu ihrer jüngsten Schwester, die dort verheiratet war und ein Haus besass.

Als ich den Garten sah, wusste ich, dass es mir nicht langweilig werden würde, denn alles sah so verwahrlost aus, dass Beatrice und ich vier Tage schufteten und danach ein Lob und eine herzliche Einladung wieder zu kommen erhielten. Was meinerseits allerdings kaum passieren wird. Nach fünf Tagen zogen wir nach Matamata weiter, wo ich mir mit einer Führung das Hobbiton anschaute. Beatrice wollte nicht mit, sie hatte ein interessantes Buch und blieb die ganze Zeit, bis ich wieder zurückkam, im Bett. Das Hobbiton war, wie der Name schon verrät, extra für die Verfilmung von „Herr der Ringe" gebaut worden. Alles war so hübsch und lieblich klein und sah aus wie aus den Fünfzigern. Es erinnerte mich sehr an meine Kindheit.

Zwei Tage später fuhren wir wieder weiter, denn sie wollte unbedingt noch ihre Cousine in Thames besuchen, um auch dort noch eine Nacht zu verweilen. Bei der Cousine gab es allerdings nichts aufzuräumen, denn dort hätte auch ich noch etwas über Ordnung und Sauberkeit lernen können. Beatrice kam schon wieder auf eine neue Idee, denn sie hatte es sich in den Kopf gesetzt, ihre Tochter, die in Orewa, ganz nahe bei Auckland, wohnt, zu besuchen. Das Ganze natürlich ohne Anmeldung und das noch dazu tagelang!

Nun hatte ich genug von ihrer Spontaneität. Ich sagte zu ihr: „Entweder du meldest dich an und sagst, dass ich mit dir mitkomme, oder ich fahre mit dem Bus nach Tauranga zurück!" Sie schaute mich mit grossen Augen an und meinte: „Myrtha, das ist

Neuseeland, da sind alle immer mit einem Besuch einverstanden!" Ich blieb stur, also zückte sie ihr Telefon und ich konnte hören, dass ihre Tochter mit unserem Besuch einverstanden war. Zwei ausgewachsene Söhne und eine schulpflichtige vierzehnjährige Tochter wohnten ausserdem im Haus.

Auch hier gab es in Haus und Garten genug Arbeit für fünf Tage. Am Sonntagmorgen verliess uns Beatrice, denn ihre kleine Enkelin, die gegenüber von ihrem Haus wohnte, hatte Sehnsucht nach der Oma.

4.3.

Am Morgen brachte mich dann Natalia, Beatrices Tochter, mit all meinem Gepäck nach Auckland ins Hotel Kiwi. Sie meinte, es mache ihr keine Umstände, denn sie müsse sowieso nach Papakura, und da führte der Weg am Hotel vorbei. Ich beschloss, vier Tage im Hotel Kiwi zu bleiben.

Judy, die ich das letzte Mal in Auckland getroffen hatte, als ich die Fähre nach Birkenhead suchte, wohnte ganz in der Nähe vom Hotel. Sie hatte versprochen, mir noch etwas Gesellschaft zu leisten und mich zum Flughafen zu bringen.

6.3.

Heute war ein grosser Tag für mich, denn ich musste meinen Fahrradkarton vom Natural High Shop abholen, den ich im September dort platziert hatte. Ich bummelte mit dem Shuttlebus zum Flughafen, um dort einen anderen anzufordern, der mich zum Fahrradgeschäft führen sollte. Ich verhandelte sicher eine halbe Stunde mit verschiedenen Anbietern, aber alle wollten sehr viel Geld. Eine Fahrerin bot mir sogar an, mich für zwanzig Dollar dorthin zu bringen, aber zurück würde sie mich nicht mehr mitnehmen. Lächerlich, so was brauchte ich überhaupt nicht. Ich winkte ab und ging weg. Ich entschied mich dazu, die sechshundert Meter zum Fahrradladen zu Fuss zu gehen.

Jetzt aber stand ich mit der grossen Fahrradschachtel da. Glücklicherweise gab es dem Strassenrand entlang überall Grasstreifen und ich konnte meinen Karton leicht über das trockene Gras ziehen. Zirka fünfhundert Meter vor dem Flughafen kam mir ein

Shuttlebus entgegen und stoppte. „Hey, ich helfe dir, wo musst du hin?" „Zum Flughafen, denn von dort habe ich ein Ticket bis zu meinem Hotel. Wie viel willst du dafür?", war meine Antwort. „Gar nichts, es ist gratis, ich habe frei und fahre sowieso nach Hause." In aller Eile luden wir die Schachtel ein, am Flughafen parkierte er und half mir sogar dabei, die sperrige Schachtel in den Yellow Bus zu bringen. Bevor ich mich richtig bei ihm bedanken konnte, verschwand er in der Menschenmenge. Die Engel von Neuseeland sind unzählbar!

Neuseeland
Schaf in Not
Mount Wanaganui
Übernachtung in der
Kirche
Geysir Rotarua

Australien

Wenn sich Fernfahrer
 treffen
Cape Leeuwin
Greyhound
Unterirdische Kirche in
 Coober Pedy

Australien

Nullarbor Plain
Melbourne
Broome
Jenny und Steve

Argentinien
Ushuaia

Australien

Pech und Pannen auf der Fahrt nach Darwin

8.3.

Endlich war es soweit: Ich stieg im Kiwi Hotel in den Yellow Bus ein, um Neuseeland den Rücken zu kehren. Da war ich noch ahnungslos, was mich an diesem Tag noch alles erwarten würde.

Mit zwei Stunden Verspätung erreichte das Flugzeug Melbourne. Ich erkundigte mich schon im Flieger, was mit mir passieren würde, ich müsse ja nach Adelaide weiterreisen. Die Stewardess versprach mir, alles abzuklären und mir Bescheid zu geben. Der Flieger setzte gerade in Melbourne auf der Piste auf, als ich mich ein zweites Mal nach dem Weiterflug erkundigte. Sie habe noch keine Antwort, werde aber nochmals telefonieren, teilte mir die Stewardess mit.

Nach fünf Minuten kam die Antwort, es werde eine Crew auf mich warten, ich solle sofort nach vorne kommen. Was sehr schwierig war, denn die Passagiere, die vor mir sassen, waren alle schon aufgestanden und ein schnelles Vorankommen war einfach unmöglich. Als ich dann endlich am Ausgang des Fliegers war, stand dort eine Flughafenangestellte und neben ihr war eine alte Asiatin in einem Rollstuhl. Eine junge Asiatin sprach pausenlos auf die Angestellte ein, sodass es unmöglich war, zwischen ihnen durchzukommen. Vermutlich war sie die Tochter der Rollstuhlfahrerin. Mit einer Handbewegung wies mich die Flughelferin an, weiterzugehen und mich nach dem Auschecken am Inlandschalter zu melden.

Nun ging die Hetzerei los, denn wir standen am Schluss noch zu fünft am Band, alle anderen hatten ihr Gepäck schon erhalten. Na ja, vielleicht sind Fahrradschachtel und Tasche am Oversize-Schalter, tröstete ich mich. Plötzlich stand auch dieses Band still und nur noch einige kleine Pakete lagen herum. Am Band traf ich auch die Frau im Rollstuhl wieder. Ich sprach ein wenig mit ihr, um sie zu beruhigen. Dann tauchte plötzlich ein Helfer auf und nahm sich ihrer an.

Ich begab mich zum Fundbüro, um herauszufinden, was los war. Dort warteten bereits drei andere Personen und ein Flughelfer mit der Frau im Rollstuhl. Eine der Frauen beruhigte uns und meinte, wir sollten noch etwas Geduld haben. Es war aber schon zweiundzwanzig Uhr. Plötzlich wurde es laut und nervös gestikulierten die Frauen hinter der Theke, denn es war schon spät geworden. Eine Stewardess wies uns an, wieder zum Oversize-Schalter zu kommen, und tatsächlich lagen unsere Sachen alle dort. Jetzt hiess es, zum Inlandschalter im oberen Stockwerk zu gehen. Na ja, das konnte ja gut werden, ich mit meinem hoffnungslos durchnässten Velokarton, bei dem sich schon der Boden aufzulösen drohte!

Der Lift war ausser Betrieb, also musste ich die Rolltreppe nehmen. Siebenundzwanzig Kilo mussten abgeladen werden, denn das Ganze war zu breit, um durch die Verstrebungen zu passen. Als ich endlich oben angelangt war, wartete schon die zweite Hürde auf mich, denn der Mann am Inlandsschalter schickte mich zum internationalen Schalter weiter. Ich bat noch schnell einen Angestellten, mir doch mit Klebeband das nasse Paket einigermassen zu fixieren, was der dann auch tatsächlich sehr gut ausführte.

Am internationalen Schalter meinte der Beamte: „Es tut mir leid, aber Sie müssen hier in Melbourne im Flughafenhotel übernachten, wir haben keinen Flug mehr." Ich kam mir vor wie in einem „Dick und Doof"-Film. Also hiess es wieder mit dem riesigen Gepäck in die untere Etage und dann über die Strasse ins Hotel. Und das um Mitternacht! Der Lift war noch immer defekt, ein Nachtwächter erklärte mir aber, dass es weiter hinten einen weiteren Lift gebe. Völlig ausser Kräften stand ich endlich an der Rezeption des luxuriösen Hotels. Zimmernummer 670, ach du meine Güte! Ich fragte am Schalter, ob ich nicht das nasse Paket in der Halle lassen könne.

Die freundliche Rezeptionistin bejahte und stellte meinen riesigen Karton direkt unter den Monitor, sodass er vor Diebstahl geschützt war. Dort traf ich auch die alte Asiatin im Rollstuhl wieder. Sie freute sich über das bekannte Gesicht.

In der Hoffnung, dass am nächsten Tag der Karton wenigstens wieder trocken sein würde, sackte ich in mein weiches Bett und in einen tiefen Schlaf, wusste ich doch, dass ich am Morgen von der Rezeption um sechs Uhr dreissig geweckt werden würde.

Als ich um sechs Uhr fünfundvierzig erwachte, wunderte ich mich, warum es denn immer noch so still und dunkel war. Ich machte mich schnell fertig, ass eine Kleinigkeit und trank einen Kaffee. Zum Glück hatte ich noch eine Rolle Klebeband auf Vorrat, das ich um den nun hoffentlich trockenen Karton winden wollte.

Ich wusste, dass ich mich um acht Uhr fünfundvierzig am Inlandsschalter anstellen musste, und begab mich um acht zum Flughafen. Als ich dort eintraf und mich bei der Angestellten vom Vorabend meldete, meinte sie: „Sie können sich erst eine Stunde vor Abflug, also um sieben Uhr fünfundvierzig anstellen. Erst jetzt fiel mir auf, dass ich vergessen hatte, die Uhr zurückzustellen.

Ich setzte ich mich in eine Ecke und wartete. Dann stellte ich mich wieder an und wurde nach der Bordkarte gefragt, die ich der Angestellten unter die Nase hielt. „Sie haben doch Gepäck, das auch eine Bordkarte braucht." Ich knurrte: „Danach hätten Sie mich doch schon früher, als ich mich angestellt hatte, fragen können." Sie verzog keine Miene und schickte mich los, um das Gepäck nochmals einzuchecken. Am Schalter meinte der Angestellte, ich hätte Übergewicht und müsse nachzahlen. Ich beschwerte mich, denn in Auckland war bei derselben Gesellschaft das Gewicht in Ordnung gewesen. „Ja, aber wir haben hier in Melbourne andere Bestimmungen und Ihr Gepäck ist zu schwer, um gratis weiterzureisen. Ich versuchte nochmals zu protestieren, aber vergeblich. Ich musste ja noch zum Oversize-Schalter, um endlich meine Sachen abzugeben. Schliesslich war es wieder spät und der Flieger würde ja nicht warten!

So beeilte ich mich, um rechtzeitig in der Abflughalle zu sein. Zum Glück wusste ich nicht, dass es mit meinen Problemen in Australien noch nicht ganz vorbei war. In dem Land, wo eigentlich alles so einfach läuft und die Menschen ein grosses Herz haben.

Um ein Uhr mittags checkte ich dann im Hotel Breakfree in Adelaide ein, in der Hoffnung, endlich Ruhe zu finden. Mich empfing eine bissige, hoffnungslos überforderte, dem Rentenalter nahe Frau: „Sie haben sich gestern Abend abgemeldet." „Ja, ich kann ja nichts dafür, dass ich in Melbourne nicht weitergekommen bin, wenn der Flieger zwei Stunden Verspätung hat und kein Weiterflug mehr möglich ist!" „Sie müssen bloss nicht glauben, dass sie die stornierte Übernachtung nicht zahlen müssen", schnauzte sie mich an. „Übrigens sind Sie nirgends in unserem System gemeldet und haben somit nicht gebucht. Fahrräder können wir hier sowieso keine brauchen!" Jetzt stieg mein Adrenalinspiegel in ungeahnte Höhen.

„Ich habe reserviert und das mit Fahrrad!" „Sie haben gar nichts!" Ich zog meine Buchungsbestätigung aus der Tasche und hielt sie ihr unter die Nase. „Na ja, dann gehe ich nochmals ins System", lallte sie. „Aha, Sie sind also die Frau sowieso!" „Ja klar, wie sonst hätte ich eine Reservierungsbestätigung!" „Also, das Fahrrad können Sie im Gepäckraum stehen lassen, der ist abgeschlossen."

Zwei Stunden später, nachdem ich das Gröbste ausgepackt hatte, ging ich in die Stadt, um Dampf abzulassen. Zum Glück war bei meiner Rückkehr der Chef selbst am Schalter. Ich erzählte ihm, dass der Flieger aus einem unbekannten Grund zwei Stunden Verspätung gehabt habe und ich nicht mehr weiterreisen konnte. „Sie müssen diese eine Nacht nicht bezahlen, denn die Stornierung war nicht Ihr Fehler." Ich fragte daraufhin, ob ich noch zwei weitere Nächte bleiben könne, und verzichtete darauf, ihm meine Begegnung mit seiner Angestellten zu schildern. Glücklicherweise wartete der Fahrradanhänger, der mir von der Schweiz geschickt worden war, schon im Hotel auf mich. Für die Durchquerung des Outbacks brauchte ich ja mehr Stauraum, da die Distanzen zwischen den einzelnen Roadhouses sehr gross sind.

Ich brauchte die zwei Tage, da ich noch zum Arzt musste, um eine fehlende Tollwutimpfung zu erhalten, und zur Post, um ein Paket mit Dingen, die ich in Australien nicht benötigte, bei einer Bekannten meiner Tochter zu deponieren. Weiters musste ich eine

Prepaid-Karte fürs Handy kaufen. Beim Velohändler musste ich noch die Pneus an den Innenflächen behandeln lassen, denn sonst wäre ich die ganze Zeit am Schlauchwechseln, da die harten Dornen in Australien problemlos durch die Reifen stechen. Diese zusätzliche Schicht sollte genau das verhindern.

In der Hoffnung, dass nicht das ganze Jahr so holprig wie die ersten Tage verlaufen würde, freute ich mich darauf, am 14.3. endlich auf das Fahrrad zu steigen, um meinem geliebten Zigeunerleben zu frönen. Nur in der Gegenwart leben, die Seele baumeln lassen und nur der Wind wird mein Begleiter sein!

10.3.

Vier Anläufe brauchte es, bis ich endlich meine Tollwutimpfung bekam. Leider hatte mir beim Wegfliegen aus der Schweiz die dritte Impfung gegen Tollwut gefehlt, da nach der zweiten Impfung eine Pause von einem halben Jahr eingehalten werden muss.

Um die letzte Impfung zu bekommen, meldete ich mich im Ambulatorium im Medical Center in Norwood, einem Aussenbezirk von Adelaide, an. Beim ersten Mal hiess es, sie hätten keinen Impfstoff lagernd und müssten ihn erst bestellen und vertrösteten mich auf den Dienstag. Ich fuhr dann am Dienstagmorgen wieder hin und musste in der Schlange warten, bis ich an die Reihe kam. Die Sekretärin verlangte von mir alle Unterlagen und neunzig Dollar, die ich bar zahlen musste, damit ich überhaupt einen Arzt zu Gesicht bekam. Dann musste ich mit vielen anderen im Gang warten, bis ich aufgerufen wurde. Nach einer halben Stunde hörte ich endlich meinen Namen.

Ein freundlicher Arzt, der wohl europäischer Abstammung war, lotste mich in sein Sprechzimmer und fragte mich, ob ich Deutsche sei. „Nein, Schweizerin." Er sprach ein wenig Deutsch, aber auf Englisch ging es besser. Er erzählte mir, dass sein Vater auch Schweizer und in Lugano geboren sei. Nach einem kurzen Gespräch schickte er mich wieder hinaus mit der Aufforderung, das Impfserum in der gegenüberliegenden Apotheke zu holen. Erst wenn ich ihm die Rechnung für das Serum zeige, werde er es mir spritzen. Also ging ich zur Apotheke. „Wir haben kein Serum hier, das müssen wir erst bestellen." „Ja, aber ich war ja gestern im Medical Centre und dort hat mir die Sekretärin versprochen, dass es heute hier sei."

Ich ging wieder zum Arzt zurück und der meinte: „Wir haben hier noch drei Apotheken in Norwood, frage mal, ob die vielleicht den Impfstoff auf Lager haben!" Keine der drei hatte das Serum, das vermutlich selten gebraucht wird, auf Lager. „Aber ich bestelle es für morgen, wenn Sie wollen, können Sie es am Nachmittag abholen", meinte der dritte Apotheker. Also ging ich wieder zurück zum Arzt.

Der schüttelte den Kopf und meinte: „Dann kommst du übermorgen wieder." „Eigentlich sollte ich auschecken und dieser Umweg da in den Aussenbezirk ist mir zu umständlich. Kann ich nicht am Dreizehnten vorbeikommen?" „Ja, am Dreizehnten bin ich im Center. Ich werde dir die Impfung gratis machen, weil du so viele Umstände gehabt hast."

Also gut, zum Glück konnte ich eine weitere Nacht im Hotel anhängen.

13.3.

Nachdem ich mein Serum abgeholt hatte, stand ich also wieder in der Schlange im Medical Center und erzählte meine Geschichte. „Wenn Sie heute einen Arzt sehen wollen, müssen Sie nochmals neunzig Dollar bezahlen." „Aber ich habe doch gestern schon bezahlt! Es ist nicht mein Fehler, wenn der Impfstoff nicht da ist. Und der Arzt hat mir versprochen, dass ich gratis behandelt werde." „Ja wo, hier wird niemand gratis behandelt!" „Wie lange muss ich warten, bis ich den Arzt sehen kann?" „Sicher eine Stunde." „Aber das Serum darf nicht warm werden." „Dann gehen Sie zu einem anderen Arzt!" „Nein, ich will zu dem in Nummer eins, der hat mir versprochen, mich gratis zu behandeln!"

Jetzt ging ein Getuschel hinter der Theke los und eine der drei Frauen verschwand im Hinterzimmer. Kurze Zeit später kam sie wieder und meinte bissig: „Ja, dann warten Sie vor der Tür Nummer eins, bis der Arzt Sie aufruft!" Ich war erleichtert, die Tür stand schon offen und der Arzt winkte mich rein. Keine zwei

Minuten später war ich endlich geimpft und die Odyssee hatte ihr Ende gefunden. Wer weiss, wann mir das nächste Malheur passiert!

14.3.

Endlich konnte ich am Morgen den Zimmerschlüssel abgeben und mich meiner Reise nach Darwin widmen. Mir schien, als ob Australien für mich unter einem sehr schlechten Stern stünde, denn schon nach einigen wenigen Stunden hatte ich den ersten platten Reifen am Anhänger. Ein riesiger Dorn steckte im Pneu und hatte auch den Schlauch durchstochen. Ich suchte mir einen schattigen Platz unter einem Baum und wechselte den Schlauch. Ich war fast fertig, als ein Aussie anhielt und mir beim Montieren des Rades behilflich war. Ohne seine Hilfe hätte ich das ganze Gepäck vom Anhänger laden müssen. Er wollte wissen, wohin ich fahre, und riet mir, ja genügend Wasser und Lebensmittel mitzunehmen. Ich versprach ihm, seinem guten Rat zu folgen.

An diesem Abend stoppte ich in Dublin, einem kleinen Nest mit einem kostenlosen Zeltplatz. Leider war es dort so laut, dass ich kaum ein Auge schliessen konnte.

15.3.

Am Morgen war ich dann auch sehr müde war und bezweifelte, ob ich überhaupt weiterkommen würde. Daher radelte ich nur die dreiundzwanzig Kilometer bis Port Wakefield, denn schon bald stellte ich fest, dass ich schon wieder einen Platten hatte und ich keine Lust, den Reifen schon wieder auszubauen. Zum Glück war noch etwas Luft im Reifen, sodass ich es verantworten konnte weiterzufahren.

In Wakefield gab es nur ein Motel und dort fragte ich nach einem Zimmer. Zu meinem grossen Glück betrieb der Besitzer auch noch eine Werkstätte und offerierte mir, alles instandzusetzen, denn auch der Veloständer war kaputt, das heisst, die Befestigungsschrauben hatten sich verbogen. Er wollte nichts für seine Arbeit, also schenkte ich ihm meine Schweizer Schokolade, die ich immer noch mit mir führte. Bei dieser Hitze wäre sie ja sowieso geschmolzen und ich vertrug keine Schokolade.

16.3.

Dieses Mal landete ich in Snowtown, einem kleinen Dorf mit einem alten Hotel im viktorianischen Stil. Diesen Stil kannte ich aus Kawakawa in Neuseeland, nur war dieses Hotel sehr sauber und gut geführt. Die Managerin war sehr zuvorkommend und schenkte mir sogar acht Sandwiches. Leider machte ich einen Fehler und trank einen starken Schwarztee, der mich kaum schlafen liess. Ausserdem rumpelte alle zwei Stunden ein Zug am Hotel vorbei, der das ganze Haus erzittern liess. Unausgeschlafen musste ich am nächsten Morgen weiterradeln.

17.3.

In Crystal Brook gab es einen gut geführten, sauberen Campingplatz. Die letzten fünf Kilometer musste ich von der schönen Hauptstrasse abfahren, um ins Dorf zu gelangen, was für mich schlimm war, denn zum einen war die Strasse sehr langsam, da der grobe Asphalt ein rasches Vorankommen nicht zuliess, und zum anderen brannte die Sonne von oben herunter und von unten stieg die Hitze vom Belag hoch. Immer wieder musste ich mich in den Schatten setzten und mich ausruhen. Ganze zwei Stunden brauchte ich, um diese fünf Kilometer zurückzulegen.

Hundemüde erreichte ich endlich den Zeltplatz. Zum Glück teilte mir die Besitzerin einen wunderbaren Platz unter einem riesigen Baum zu, wo ich mein Zelt aufstellen konnte. Hier traf ich meinen ersten Fernfahrer. Er war aus Deutschland und schon – oder für mich erst – zehn Monate unterwegs und nur halb so alt wie ich. Er war durch Russland nach Kasachstan gefahren, von dort nach Perth geflogen und bei vierundfünfzig Grad im Schatten durch die Nullarbor-Ebene geradelt. Von Crystal Brook wollte er nach Adelaide, von wo aus er wieder nach Hause fliegen würde.

18.3.

Dieses Mal übernachtete ich auf einem Rastplatz und versteckte mein Zelt zwischen den Stauden. Ein Roadtrain, der später eintraf, liess die ganze Nacht seine Kühlanlage laufen. Ein entspanntes Schlafen war dadurch unmöglich, der Vorteil war aber, dass er durch den Lärm die Dingos fernhielt.

20.3.

In Marlin lernte ich auf dem Rastplatz ein älteres Ehepaar aus Sydney kennen, das sich dort für die Nacht eingerichtet hatte, und wir kamen ins Gespräch. Weil es so stark windete, war ich kaum fähig, mein kleines Stoffhaus aufzustellen, ohne dass es durch die Luft flog. Steve bot mir an, seine Schrauben mittels Bohrmaschine in den Boden zu rammen, was dann auch wirklich hielt. In der Nacht stoppte der Sturm plötzlich und ging in heftigen Regen über. Am Morgen war alles eine rote Suppe und ich hatte Mühe, meine Sachen einigermassen sauber zu verstauen.

Steve nahm mein Gepäck bis nach Pimba mit, sodass ich die achtzehn Kilometer bis zum Roadhouse nur mit Anhänger und Fahrrad fahren musste. Dort hoffte ich einen Mechaniker zu finden, der mir den abgerissenen Veloständer schweissen konnte. In strömendem Regen und mit viel Seitenwind erreichte ich in Rekordzeit Pimba. Leider wurde ich dort enttäuscht, denn es gab keinen Schweisser. Jenny, Steves Frau, buchte mir eine Busfahrt bis Alice Spring, denn dort sollte es ein grosses Velogeschäft geben, das sicher eine Lösung haben würde.

Auf der Fahrt nach Alice Springs machte ich einen Zwischenhalt in der Opal-Stadt Coober Pedy und blieb dort zwei Tage, um mir alles anzuschauen. Am Nachmittag kam die Frau von der Rezeption und fragte mich, ob ihr Mann, der Journalist ist, ein Foto machen könne, denn er wolle ein Bild von mir mit einem Bericht über meine Reise in der Rezeption aufhängen.

In Coober Pedy wohnen viele Menschen unter der Erde. Eine Frau, die 1926 hierher kam, um nach Opalen zu schürfen, buddelte mit einigen Kolleginnen eine sehr grosse Höhle. Schliesslich entschieden sie sich dazu, diese Höhle in eine Wohnung zu verwandeln. Später entstanden auch eine Kirche und viele andere unterirdische Behausungen, ja sogar Hotels und andere Beherbergungsbetriebe unter der Erde.

Opale werden auch heute noch abgebaut und es werden immer noch immense Funde gemacht. Allerdings ist das Schürfen Glücksache und es kann Jahre dauern, bis man ein besonders wertvolles Stück findet.

In Coober Pedy tummelten sich auch viele betrunkene Aborigines. Die Weissen haben ihnen den Alkohol gebracht, und da Naturvölker viel weniger vertragen als Weisse, sind die Aborigines sehr schnell abhängig, was man in den Strassen von Coober Pedy hauptsächlich am Abend schnell merkt.

Gegen Mittag trudelten mein Freunde aus Sydney auf dem Zeltplatz ein und daher hängte ich eine weitere Nacht an. Wir verbrachten einen ganzen Tag zusammen, um die Läden und Museen anzuschauen und zum Abschluss lud ich sie zu einem feinen Dinner ein.

Dann fuhr ich mit dem Bus nach Alice Springs weiter und hoffte, dort im Fahrradgeschäft eine Lösung für meinen Ständer zu finden. Der Angestellte dort meinte, alles was er mir anbieten könne, sei zu schwach. Ich solle mir irgendeinen Stab organisieren und ihn unter den Sattel klemmen.

Ich ging zurück zum Hostel und klagte mein Leid dem Manager, einem deutschen Allrounder. Er hatte die Idee, aus einem alten Alurohr einen Ständer für mich zu basteln, den ich unter den Gepäckträger klemmen konnte. Aus dem Rest des Rohres zauberte er mir auch noch einen Ständer für den Anhänger, der die eigentliche Schuld an der ganzen Misere hatte, denn jedes Mal, wenn ich anhielt, kippte er zur Seite und drückte den Fahrradständer weg. Wenn ich stehenbleiben wollte, musste ich daher mein Rad auf den Boden legen, ausser ich fand eine Leitplanke, an die ich das Rad anlehnen konnte, was allerdings sehr selten der Fall war.

Das Umlegen war ja noch einfach, das spätere Aufstellen mit dem ganzen Gewicht allerdings fast unmöglich. Ich musste jedes Mal alles wieder abladen und einhändig – mit der anderen musste ich ja das Fahrrad halten – das schwere Gepäck auf das Fahrrad laden, was mich sehr viel Energie kostete.

Im Alice Secret Hostel buchte ich eine dreitägige Tour zum Uluru mit Wanderungen im Nationalpark und im Kings Canyon.

80

4.4.

Ich brach auf, um nach Darwin weiterzufahren, in der Hoffnung, dass ich nun pannenfrei diese Strecke von zirka fünfzehnhundert Kilometern bewältigen konnte.

9.4.

Nachdem ich zwei Nächte auf Rastplätzen verbracht hatte, erreichte ich am Abend das Roadhouse Aileron. Da ich von dem elenden Kampf mit dem Fahrradständer genug hatte, buchte ich eine Busfahrt nach Katharine. Dort sollte es zwei gute Velogeschäfte geben und ich erhoffte mir, dass wenigstens eines davon mein Velo funktionstüchtig machen konnte.

Im ersten Laden in Katherine waren alle Arbeiter in den Osterferien, im zweiten konnte ich den Mechaniker dazu überreden, mir zwei Ständer zu montieren, denn so hatte ich viel mehr Stabilität. Ausserdem liess ich mir noch einen Ständer am Trailer befestigen. So hatte ich endlich wieder beide Hände frei und war guter Hoffnung, meine Reise mit weniger Schwierigkeiten fortsetzen zu können.

Je weiter ich gegen Norden vorstiess, desto üppiger wurde die Vegetation. Hier regnete es deutlich mehr und viele Termitenhügel ragten aus dem saftigen Gras. Bei vierunddreissig Grad im Schatten war aber auch nach einem Regen alles wieder schnell trocken.

Ich ärgerte ich mich darüber, dass ich so viel mit dem Bus reisen musste, denn eigentlich war ich ja hier, um diese Strecke mit dem Fahrrad zu bewältigen. Aber ein Velo ohne Ständer ist viel zu anstrengend und raubt mir die letzte Kraft. Es schien, als reite der Teufel hinter mir her, denn ausserdem riss mir vor Katherine auch noch die Aufhängung einer Packtasche, und da der Ersatz schon aufgebraucht war, musste ich ein Provisorium erstellen. Noch nie in den letzten zehn Jahren hatte ich solche Schwierigkeiten auf meinen Reisen gehabt! Ich hoffte, dass es dann bald einmal normal laufen würde und ich endlich pannenfrei reisen könnte.

Ich entschied mich dazu, von Katherine mit dem Bus nach Darwin zu fahren und dann von dort der Westküste entlang nach Perth zu radeln.

Der lange Weg von Darwin nach Perth

Von Darwin musste ich wieder zurück nach Katherine fahren, bevor ich nach Perth abbiegen konnte. In Noonamah, Adelaide River und Pine Creek übernachtete ich auf den Campingplätzen. Vor Katharine stoppten zwei junge Burschen und gaben mir einen Liter eiskaltes Wasser. Ich war ihnen sehr dankbar dafür und bedankte mich höflich, denn mein Wasser war durch die hohen Temperaturen warm geworden. Das frische Wasser mundete köstlich wie kalter Weisswein.

Eigentlich wollte ich die letzte Nacht vor Katherine im Busch übernachten, denn ich hätte fast hundert Kilometer bis zur Stadt zurücklegen müssen. Irgendeine innere Stimme mahnte mich jedoch weiterzufahren. Plötzlich roch es nach Verbranntem und auch ein eigenartiges Knistern war zu hören. Dann, keine zehn Kilometer später, brannte der Busch bis hin zur linken Strassenseite. Über den Baumwipfeln kreisten mit lautem Geschrei grosse schwarze Vögel. Vermutlich hatten sie in den Nestern Junge. Ein trauriger Anblick und ich war machtlos. Wie brutal doch die Natur sein kann!

Auf dem Zeltplatz in Katharine warteten schon meine Freunde Steve und Jenny auf mich. Mit ihnen verbrachte ich nochmals drei Tage und wir machten einige Ausflüge. Eine Tour ging zur Katherine Gorge, wo wir eine Stunde lang auf dem Fluss fuhren. Die Organisatoren hatten uns eigentlich versprochen, dass wir auf dieser Flussfahrt Krokodile sehen würden, was dann allerdings nicht zutraf. Ich vermute, dass es ein Zufall ist, wenn die Krokodile sich genau dann auf den Sandbänken sonnen, wenn die Schiffe vorbeifahren. Die Felsformationen und vor allem die Farben der Felsen waren aber wirklich beeindruckend.

Eine andere Tour führte uns zu einer grossen Pferdefarm, wo wilde Pferde auf sehr schonende Weise gezähmt und auf das Reiten vorbereitet werden. Es ist erstaunlich, dass oft schon nach wenigen Tagen diese Tiere zutraulich werden und sich berühren lassen. Vorsichtig wird ihnen dann ein Sattel auf den Rücken ge-schnallt und sie laufen an einer langen Leine im Kreis. Mit Pfer-den, die schon länger trainiert worden waren, wurden richtige Kunststücke aufgeführt, die vom Publikum mit Begeisterung auf-genommen wurden.

Von Katherine aus radelte ich weiter nach Westen, ohne zu wis-sen, was mich am Weg erwarten würde. Auf einem Rastplatz, auf dem noch vier weitere Camper waren, verbrachte ich eine Nacht. Ein junger Aussie brachte mir einen halben Liter kaltes Wasser und einen Mückenspray und kurze Zeit später noch ein Räucher-stäbchen, um die lästigen Mücken zu vertreiben.

Mein nächster Stopp war ein Roadhouse mit Campingplatz in Timbercreek. Ich buchte gleich zwei Nächte, denn ich war hunde-müde, musste meine Wäsche waschen und wieder einmal ein Lebenszeichen nach Hause schicken. Nach zwei weiteren Nächten im Busch erreichte ich endlich Kununurra.

Zirka fünfzehn Kilometer davor hatte ich die Grenze nach Western Australia passieren müssen. Dort wollten sie wegen der strengen Schutzbestimmungen wissen, ob ich Früchte, Gemüse oder Honig mit dabei habe. Die Uhr geht ausserdem eineinhalb Stunden vor; so war es nun für mich erst sechs Uhr und nicht sieben Uhr dreis-sig. Auch meine Freunde Steve und Jenny trafen auf dem Cam-pingplatz ein, um sich für die nächsten fünfhundert Kilometer von mir zu verabschieden, denn sie wollten verschiedene Ausflüge in den Outback machen und mich dann in Brome eventuell noch einmal treffen. Es ist schön, in einem fremden Land eine kleine Freundschaft zu pflegen. Die Motivation, tapfer weiterzustram-peln, ist dann grösser. Am nächsten Tag wollte ich weiterradeln und wieder zwei Nächte in der Wildnis verbringen.

1.5.

Karl, ein Österreicher, strandete auf dem Campingplatz und stellte sein Zelt gleich neben meines. Er fuhr ein Motorrad und war schon weit herumgekommen. Wir kamen ins Gespräch und wollten, nachdem er sich eingerichtet hatte, zusammen etwas trinken gehen. Dazu kam es dann allerdings nicht gleich, denn ihn

83

erreichte plötzlich eine schlimme Nachricht. Sein bester und ältester Freund war ganz überraschend an einem Herzinfarkt gestorben. Er war so niedergeschlagen, dass wir uns dazu entschieden, das gemeinsame Trinken zu verschieben.

2.5.

Kaum hatte ich den Rastplatz in Dunham River erreicht, kam ein Ehepaar auf mich zu und überreichte mir einen Apfel und zwei Liter eiskaltes Wasser. Diese Nacht war ich alleine auf dem grossen Platz und lauschte den Kühen, die um meiner kleinen Stoffvilla muhten. In der Ferne vernahm ich Donnergrollen und sah Wetterleuchten. Ich entschied mich dazu, meine Sachen ins Invaliden-WC zu bringen, wo alles inklusive Trailer Platz fand. Schlafen konnte ich allerdings kaum, denn einige Frösche turnten auf dem Blechdach herum. Sogar beim Frühstück beobachtete mich ein riesiger Frosch. Die sind hier so zahlreich, dass man sie nachts sogar in den WC-Schüsseln findet.

3.5.

In Doon Doon mietete ich eine Hütte für zwanzig Dollar. „Wenn du schon die Umwelt schonst, musst du nicht so viel zahlen und das WiFi gebe ich dir auch gratis!", meinte der Besitzer. Üblicherweise muss man für das WiFi zahlen.

4.5.

Die zweiundneunzig Kilometer bis nach Warmun, wo es wieder ein Roadhouse gab, bewältigte ich mit Müh und Not. Die grosse Hitze und die langweilige Strasse mit schlechtem Belag, auf der ich nur mit fünf bis neun Stundenkilometern vorankam, hatte ich nun gänzlich satt und beschloss, von Warmun aus den Bus bis Fitzroy Crossing zu nehmen. Dort wollte ich noch eine schöne Flussfahrt auf dem Geiki Gorge buchen.

Ich hatte allerdings nur die Möglichkeit, den Bus um zehn Uhr nachts zu nehmen, und nicht, wie üblich, den um drei Uhr fünfzig, da in den nächsten vier Tagen in Nachtarbeit eine neue Brücke gebaut wurde.

Würde ich mit dem Bus um zehn Uhr fahren, wäre ich um vier Uhr morgens in Halls Creek, und das wäre gefährlich, weil sich dann viele betrunkene Aborigines dort herumtrieben. Daher beschloss ich, vier Tage zu bleiben und mich ordentlich auszuruhen.

Erstens kommt es anders und zweitens als man denkt. Plötzlich kam der Herr des Hauses um die Ecke und meinte, ein Freund aus Halls Creek hätte bei ihm etwas erledigen müssen und wäre bereit, mich bis nach Halls Creek mitzunehmen, denn er wohne dort und würde diese Strecke sowieso fahren. Ich überlegte nicht lange und sagte zu. Eine Stunde später war ich startbereit und die Fahrt ging los.

Obwohl der Fahrer sich die ganze Zeit über die Schweiz lustig machte, war ich froh über die Mitfahrgelegenheit und die Möglichkeit, aus diesem Loch herauszukommen. Er erzählte mir, dass er drei Jahre in Deutschland gearbeitet habe. Darauf meinte ich zu ihm: „Dann sprechen Sie sicher auch Deutsch!" „Nein", war seine Antwort, er könne nur ein Wort und das sei Dummkopf. Vermutlich nannten ihn seine deutschen Kollegen so, weil er nicht fähig oder bereit war, Deutsch zu lernen. Ich vermute, dass er gar nicht wusste, was das Wort bedeutete und dass es auf ihn gemünzt war.

5. 5.

In Halls Creek übernachtete ich auf dem Campingplatz und radelte am nächsten Morgen weiter. Weil die Distanzen hier in Australien so gross sind, musste ich wieder auf einem Rastplatz übernachten. Der war eine schöne Anlage im Wald, friedlich und sehr gepflegt. Ausser mir waren noch fünf Wohnwagen dort. Als ich nachts zur Toilette musste, hörte ich in der Ferne die Dingos heulen.

Nach achtzig weiteren Kilometern in Richtung Fitzroy Crossing landete ich wieder auf einem Rastplatz und es sah so aus, als ob ich die Nacht nicht alleine verbringen würde, worüber ich sehr froh war.

Ich hoffte, am nächsten Tag endlich Fitzroy Crossing zu erreichen, allerdings waren es immer noch hundertzehn Kilometer bis dorthin. Nachdem ich am Vortag eine wunderbare Strecke gefahren war, ging es nun die ganze Zeit leicht bergan und so kam ich gar nie in den Genuss, ein schnelleres Tempo zu erreichen. Ich hoffte darauf, dass es am nächsten Tag wieder flacher werden würde. Allerdings meinte jemand auf dem Rastplatz, dass es auf der weiteren Strecke wieder viele Steigungen gebe. Ein Trost war, dass auf jede Steigung eine Talfahrt folgte.

Irgendwo auf der Strecke stoppte ein Autofahrer und überreichte mir eine Eineinhalbliterflasche eiskaltes Wasser. Ich bedankte mich höflich und er wollte wissen, woher ich komme und wohin ich fahre. „Wow, what a good job you are doing!", meinte er. „Good luck!", rief er mir dann noch zu, verschwand in seinem Auto und brauste davon.

8.5.

Nach acht Stunden und zweiundneunzig Kilometern erreichte ich endlich Fitzroy Crossing, wo ich auf dem wunderschönen Campingplatz zwei Nächte verbringen wollte. Schon nach eineinhalb Stunden gesellte sich eine Dame zu mir und bot mir einen ihrer drei Wohnwagen an. Sie brauche nur einen und so könne ich in ihm gemütlich meine Zeit mit Kochen und Relaxen verbringen. Ich war ihr sehr dankbar, denn so viel Komfort hatte ich schon lange nicht mehr erlebt. Unglaublich, dass mir diese Frau ganz einfach so vertraute! Ich erzählte ihr, dass ich gerne die Bootstour auf dem Fitzroy River zur Geikie Gorge machen wolle, aber niemanden finde, der mich bis zum Ausgangspunkt bringt. Sie erklärte sich bereit, mit mir zu fahren, denn sie arbeite schon seit einem Jahr hier und habe diese Tour auch noch nicht gemacht. Aus Dankbarkeit lud ich sie am Abend zum Dinner ein.

Am nächsten Tag musste ich wieder auf einem Rastplatz übernachten, da die Distanz zum Roadhouse Willare Bridge einfach zu gross war. Ausser mir waren noch sechs Wohnmobilbesitzer anwesend.

11.5.

Endlich erreichte ich das Roadhouse Willare Bridge, das auch einen Campingplatz hatte. Mich schockierte der hohe Preis, ich musste zweiunddreissig Dollar bezahlen, um mein Stoffhaus auf den völlig verdreckten Boden zu stellen. WC und Küche waren so schmutzig, dass man es besser unterliess, diese zu benutzen.

12.5.

Ich verbrachte nochmals eine Nacht auf einem Rastplatz und wollte meine Freunde aus Sydney am nächsten Tag im Roadhouse Roebuck wieder treffen. Ich hoffte, dass es dort wenigstens einigermassen sauber sein würde und ich die beiden zum Dinner einladen könne. Jenny und Steve wollte ich dann in Broome nochmals auf dem Campingplatz treffen, danach würden sie zügig nach Perth weiterfahren. Wenn mein Timing passt, kann ich sie in Perth ein letztes Mal treffen, bevor sie nach Sydney zurückfahren.

14.5.

Wieder ein Rastplatz, auf dem ich plötzlich nachts um zehn Uhr schwere Schritte um mein Zelt hörte. Bald darauf stiess eine Nase an mein Zelt und das Schnaufen verriet, dass es ein Tier sein musste. Ja, ohne Zweifel, es war eine Kuh und sie begann gleich ganz laut zu muhen. Kurz darauf brüllte ein Bulle und schnaubte. Auch er stand ganz nah an meinem Zelt. Ich überlegte nicht lange und öffnete meinen Reissverschluss und rannte, so schnell ich konnte, zum WC, das einen Meter vom Boden entfernt auf einem Eisengestell stand. Eine andere Frau, die ebenfalls zum WC gekommen war, fragte mich, was los sei. Zusammen machten wir uns sehr breit, indem wir beide Arme zur Seite streckten, denn die Kuh war mir zum Klo gefolgt. So konnten wir langsam das verirrte Tier zum Ausgang leiten, der Bulle folgte ihr, die beiden trabten wieder zu ihrer Herde und unsere Nachtruhe war gesichert.

15.5.

Zwanzig Kilometer vor Broome überholten mich meine Freunde und nahmen mir die schweren Taschen ab, sodass ich schneller und weniger müde auf dem Campingplatz eintreffen konnte. Ich beschloss, drei Tage in Broome zu bleiben, denn mein Velo war schon wieder defekt. Eine Speiche war gebrochen, Öl aus der Leitung zur Vorderbremse gelaufen und der Spiegel kaputt.

Zuerst machten sie im Radgeschäft grosse Augen und meinten, so ein System sähen sie das erste Mal. Doch dann kam am nächsten

Morgen der erlösende Anruf, dass alles in Ordnung sei und ich das Velo abholen könne. Ich hängte noch einen weiteren Tag an, um den Samstagsmarkt zu besuchen. Danach wollte ich zügig in Richtung Perth weiterradeln.

16.5.

Um sechs Uhr früh verliess ich schon den Campingplatz. Ich musste den Weg zurück bis zum Roebuck Roadhouse fahren und von dort nach rechts in Richtung Port Hedland abzweigen. Leider kam schon nach zwanzig Kilometern ein heftiger Seitenwind auf, der mich ständig in die Strassenmitte trieb. Gefährlich für mich und die Autofahrer. Daher entschied ich mich dazu, mein Fahrrad zu schieben.

Bald darauf stoppten drei junge Australier und boten mir an mich mitzunehmen, fürs Fahrrad hätten sie allerdings keinen Platz. Sie beschlossen, ein anderes Auto zu stoppen, das mein Velo mitnehmen konnte. Keine zwei Minuten spätere kam ein Minibus vorbei. Der Fahrer bot mir ebenfalls an mich mitzunehmen, denn er fahre zum Roadhouse Sandfire, müsse aber vorher in einer Aborigines-Siedlung einen Mann abholen, der ihm bei seiner Arbeit als Sozialarbeiter in einer anderen Community behilflich sein werde. Mir war es recht, erstens hatte ich so die Gelegenheit, einmal in ein Aborigines-Dorf zu kommen, das man normalerweise nur mit Regierungserlaubnis betreten kann, und zweitens war es bei dieser Hitze von achtunddreissig Grad und dem enormen Seitenwind kaum möglich voranzukommen.

Im Dorf angekommen stoppte der Fahrer und meinte, auch er dürfe nicht hineinfahren, ohne vorher anzurufen. Danach fuhr der Fahrer bis zur Post am Anfang des Dorfes und wartete dort auf seinen Mitarbeiter, der sich zum Sozialarbeiter ausbilden lassen wollte. Abgemacht war, dass er um neun Uhr an der vereinbarten Stelle stehen solle. Leider war das nicht der Fall und wir warteten eine ganze Stunde, bis sich der Neunzehnjährige endlich blicken liess. Ohne sich zu entschuldigen, stieg er gelangweilt in den Bus. Zuvor hatte mich der Fahrer über die Gebräuche der Ureinwohner informiert.

Die Aborigines denken anders als wir, bei ihnen kommt die Familie zuerst. Auch wenn nur die Grossmutter kränkelt, geht keiner der Familie aus dem Haus, egal was der Arbeitgeber denkt. Die Familie und der Clan sind ihnen wichtiger als ein geregeltes Einkommen.

Pünktlichkeit ist kein Thema, jeder beginnt mit seiner Arbeit, wann er will. So ist es verständlich, dass die Aborigines oft keine feste Arbeit erhalten. Viele verfallen dem Alkohol und schicken ihre Kinder nur in die Schule, wenn sie Lust haben. Da sie Geld von der Regierung erhalten, auch wenn sie nur zu einem Viertel von den Ureinwohnern abstammen, sind sie auch nicht unbedingt auf Arbeit angewiesen. Kurz gesagt: Sie sind von der Regierung geschützt, weil sie die Ureinwohner sind. Vor nicht allzu langer Zeit hatte die Regierung beschlossen, dass die Aborigines nicht mehr alles Geld bar erhalten, sondern drei Viertel ihrer Unterstützung auf ein Konto überwiesen wird.

Ich wollte dem jungen Burschen die Hand zur Begrüssung geben, er aber weigerte sich und meinte: „Ich berühre keine weisse Hand." Ich blieb freundlich und fragte ihn, ob ich ein Foto von ihm machen dürfe, aber auch das schlug er mir ab.

Beim Roadhouse Sandfire durfte ich dann unter einem riesigen Baum mein Zelt aufstellen.

17.5.

Als ich am Morgen wegfuhr, war mir bewusst, dass ich dieses Mal im Busch übernachten musste. Nach neunundachtzig Kilometer stoppte ich unter einem grossen Baum, der einen schönen Schatten warf. Sobald die Sonne unterging, stellte ich mein Nothaus auf, denn vorher war es unmöglich, da die Fliegen zu Tausenden ins Innere schwirren würden und man sie dann kaum mehr herausbringt. Die Nacht verlief angenehm ruhig und ohne Zwischenfälle.

18.5.

Bis zum Roadhouse Pardoo waren es nur fünfundvierzig Kilometer. Dort leistete ich mir eine Hütte, nachdem ich seit einem Monat auf dem Boden geschlafen hatte. Die Freude darüber endete am nächsten Morgen, als ich das Licht anmachte und mit Entsetzen feststellte, dass zu Tausenden Ameisen in und auf meinen Pack-taschen herumkrabbelten. In Windeseile machte ich den Biestern den Garaus.

19.5.

In Port Hedland traf ich mich wieder mit Jenny und Steve. Wir besuchten gemeinsam den Frachthafen; bis zu siebenundzwanzig Frachter warten hier darauf, Eisenerz aufzuladen. Nach einem gemütlichen Abend mit den beiden verliess ich das Zeltlager früh am Morgen und radelte weiter bis zum Rastplatz Pahewa. Zum Glück war ich nicht alleine, denn fünf Wohnmobile waren eben-falls anwesend und so fühlte ich mich sicher und geborgen. Mein unmittelbarer Nachbar bot mir sogar an, dass ich mein Handy und meine Kamera bei ihm aufladen könne, wofür ich ihm sehr dank-bar war. So konnte ich am nächsten Tag wieder ohne Bedenken Fotos schiessen.

21.5.

Diese Nacht verbrachte ich wieder in der Wildnis. Eigentlich hatte ich vorgehabt, bis nach Karratha zu fahren, aber die Steigungen und der Schwerverkehr zwangen mich dazu, früher Halt zu machen. Ich hatte auch einiges an Zeit mit Fotos vergeudet und es war wichtig, das Zelt aufzustellen, solange es noch hell war.

Ich lag noch keine zwei Stunden im Schlafsack und schon heulten die Dingos um mein Stoffhaus. Daher öffnete ich den Reissver-schluss und klatschte in die Hände. Sofort trat Ruhe in der stern-klaren Dunkelheit ein, doch eine halbe Stunde später heulten sie von einer anderen Seite, diesmal allerdings weiter entfernt.

Unweit meines Nachtlagers lag das Skelett eines Kamels. Viele Tiere waren verdurstet, weil es dieses Jahr zu wenig Regen gege-ben hatte und die Flüsse ausgetrocknet waren. Andere Tiere kommen auf der Strasse um. Obwohl es überall Zäune gibt, gibt es unweit der Strasse immer wieder Kühe, die die Zäune durchbre-chen und auf die Strasse gelangen. Der zuständige Farmer, der viele hundert Kilometer von diesen Zäunen reparieren muss, kommt kaum dazu, gerade dort zu sein, wo der Draht gebrochen ist.

Ich fuhr oft hundert Kilometer, bis ich wieder einmal einen Tümpel sah. Durstige Tiere sind nicht imstande, so weit zu gehen. Ich staunte immer wieder, wie viele schöne Blumen aus dieser kargen eisenhaltigen Erde ihre Kelche gegen den Himmel streckten. Unterirdisch muss es in Australien riesige Wasservorkommen geben, die leider den Tieren verborgen bleiben.

25.5.

Nach hundertfünf Kilometern erreichte ich endlich das Roadhouse Fortescue. Zirka sechsundzwanzig Kilometer davor stand ein Auto am Strassenrand, der Fahrer hielt in der einen Hand eine Zweiliterflasche Orangina und in der anderen eine Dose Zitronenlimonade. Er fragte mich schon von weitem, wohin ich wolle und woher ich komme. Er erklärte mir, dass er der Manager vom Roadhouse sei und er mir etwas Kaltes zum Trinken geben wolle. Ich nahm die Zitronenlimonade, da sie weniger wog. Ich sagte ihm, dass ich vorhabe, im Roadhouse zu übernachten. „Na gut, dann schenke ich dir die Flasche Orangina, wenn du ankommst!" Der Mann war aus Sri Lanka und schmiss mit seiner Frau im Roadhouse den Laden.

Als ich dort eincheckte, sagte mir ein Angestellter, der Chef habe gesagt, ich brauche nichts zu zahlen. Fahrradfahrer seien bei ihm Gäste, da sie die Umwelt schonen. Der Manager lud mich ausserdem zum Dinner ein und überreichte mir die Zweiliterflasche Orangina. Als ich zahlen wollte, meinte er ganz lakonisch: „Komm, lass das, ich schenke dir auch das Essen." Ich bedankte mich herzlich für diese Grosszügigkeit und fragte ihn: „Womit machst du denn den Umsatz?" Er zuckte nur die Schultern und meinte: „Ich denke sozial."

Beim Nachtessen erzählte der Manager mir von einem Mann, der auch aus Sri Lanka kam und denselben Weg wie ich, aber in umgekehrter Richtung gefahren sei, jetzt drei Monate lang in Darwin arbeite und danach über den Stuart Highway wieder nach Sydney zurückfahre. Im März sei eine achtzigjährige Frau aus Sydney auch mit Fahrrad vorbeigekommen, habe aber pro Tag nur vierzig Kilometer zurückgelegt und jedes Mal danach zwei Tage lang geschlafen. Das wäre mir allerdings doch zu langweilig.

Bevor ich ins Zelt kroch, kam er nochmals mit Kissen und Decke angelaufen und meinte, ich hätte bestimmt zu kalt. Das Kissen nahm ich gerne an, die Decke war mir aber mit dem Schlafsack dann doch zu viel. „Wenn du willst, kannst du mir noch zwei oder drei Flaschen Wasser in das Eisfach geben, so hast du morgen den ganzen Tag gekühltes Wasser. Wir öffnen um fünf Uhr früh, weil ab dann die Chauffeure Benzin und Frühstück wollen." Ich kam aus dem Staunen kaum heraus, so viel Herzlichkeit und Gastfreundschaft hatte ich nicht einmal in Neuseeland erlebt.

29.5.

Ich übernachtete wieder im Busch. Am nächsten Abend wollte ich im Roadhouse Nanutarra einchecken.

31.5.

Knapp bevor ich am Morgen in Nanutarra losfahren wollte, kam eine junge Frau auf mich zu, brachte mir drei selbst gebacken Muffins und hundertfünfzig Gramm ganze Mandeln und meinte, ich könne das bestimmt brauchen. Kurz darauf kam ein Mann auf mich zu und wollte wissen, wohin ich fahre und warum ich das mache. Plötzlich ertönte ein schriller Pfiff, er schaute verängstigt zu seinem Auto und entschuldigte sich, denn seine Frau, eine Muslima, stand herausfordernd davor und wollte, dass er zurückkomme. Und ich hatte immer geglaubt, dass in dieser Religion die Frauen untergeordnet sind!

Meine Tochter hatte an dem Tag Geburtstag und ich konnte ihr nicht gratulieren, da es auf dem Platz kein WiFi gab. Ich hoffte auf ihr Verständnis und wollte den Glückwunsch so schnell wie möglich nachholen.

1.6.

Auf dem schönen Rastplatz, an dem ich diese Nacht mein kleines Stoffhäuschen aufstellte, stand ein älterer Wohnwagen, dessen Besitzer mir freundlich anbot, möglichst nahe an sein Haus auf Rädern zu kommen, um mehr Schutz zu haben. Er bot mir auch sogleich einen feinen Kaffee an, den mir seine Frau persönlich servierte. Ich kam mit den beiden ins Gespräch, sie waren Australier und fuhren seit Monaten von Rastplatz zu Rastplatz, denn auf diesen kostet die Übernachtung nichts. Jedes Mal, wenn der Wassertank leer war und ein Stapel Wäsche anstand, blieben sie zwei Tage lang auf einem der vielen Campingplätze und konnten durch diese Taktik sehr viel Geld sparen.

2.6.

Wieder ein Buschcamp.

3.6.

Ich war bis zum Roadhouse Minilya geradelt und traf dort einen Mann wieder, den ich auf der Bootstour vor zirka fünf Wochen kennengelernt hatte. Er staunte, mich hier unten mit Fahrrad wieder anzutreffen. Wir hatten einander auf Anhieb wiedererkannt.

Ich leistete mir eine Hütte für siebzig Dollar, die war allerdings nicht einmal die Hälfte wert. Der Kaffeerahm war am 31.1. abgelaufen und gerann, als ich ihn in den Tee schüttete. Das war eine Gelegenheit, mich zu beschweren. Sofort bekam ich frische Milch. Es lohnt sich halt, den Mund aufzumachen! Alles war sehr desolat hier. Eigentlich wollte ich zwei Nächte bleiben, aber die Umstände veranlassten mich, am nächsten Morgen weiterzuziehen.

4.6.

Buschcamp.

5.6.

Endlich erreichte ich Carnarvon, eine kleine Stadt mit einer riesigen Satellitenanlage. Von weitem schaute die Stadt wie ein Vergnügungspark aus, mit all den roten Lichtern und spitz gegen den Himmel gerichteten Türmen. Ich schrieb mich für zwei Nächte auf dem Campingplatz ein. Das Wetter, ein heftiger Sturm mit sintflutartigem Regen, veranlasste mich dann, zwei weitere Nächte zu bleiben. Ich hatte einen Bungalow gemietet und war heilfroh darüber, denn in der Nacht schüttete es wie aus Kübeln und der orkanartige Sturm liess die Temperatur tief fallen.

Ich wollte mir nicht ausmalen, was passiert wäre, hätte ich, wie geplant, im Busch übernachtet. Mit Sicherheit wäre ich pudelnass geworden und der Sturm hätte mein Stoffhaus durch die Luft gewirbelt. Es ist immer wichtig, auf die Einheimischen zu hören, denn die kennen die Wetterlagen.

Langsam wurde es Winter in Westaustralien und die Temperaturen sanken, sodass ich mir zwei Vliesdecken kaufen musste. Meine Winterkleidung hatte ich von Adelaide aus zu Margrit Würger in Perth geschickt, einer Bekannten meiner Tochter, und bis dorthin waren es noch knapp tausend Kilometer. Das war auch der Grund dafür, warum ich möglichst schnell diese Stadt erreichen wollte.

Mir war die Abkühlung recht, denn was ich in den letzten Wochen an Hitze ertragen musste, war etwas viel gewesen.

9.6.

Endlich konnte ich starten und es schien ein sonniger Tag zu werden. Dreiundsiebzig Kilometer fuhr ich bis zum nächsten Rastplatz, alles mit Gegenwind. Den ganzen Tag stieg die Strasse leicht an und der schlechte Belag liess ein schnelleres Vorankommen einfach nicht zu. Ich konnte nie schneller als zwischen neun und zwölf Stundenkilometer fahren. Um siebzehn Uhr erreichte ich schliesslich den gut besetzten Platz Edaggee und stellte mein Zelt neben einem pensionierten Ehepaar aus Townsville auf. Bald kamen wir ins Gespräch und sie luden mich auf einen Tee ein. Dieses Ehepaar reiste wie ich rund um Australien, hatte zwei Monate lang ein Haus in Kunanurra gehütet und wollte im Oktober wieder zu Hause sein.

10.6.

Am Morgen kam der Mann zu mir und lud mich zum Frühstück ein, Kaffee mit Toastbrot, Butter und Marmelade. Ich verriet ihm nicht, dass ich schon gefrühstückt hatte, denn einerseits war ich dünn genug und andererseits war es schon Monate her, dass ich das letzte Mal Toast gegessen hatte. Er wollte unbedingt ein Foto von mir schiessen und lud mich ein, bei ihnen vorbeizuschauen, wenn ich in Townsville bin.

Es mag dann etwa neun Uhr gewesen sein, als ich meinen Schlafplatz verliess, um das Roadhouse Wooramel anzusteuern. Für vierzig Dollar konnte ich eine nette Hütte mieten, denn im Westen zogen schwarze Wolken auf und ich hatte keine Lust in dem kleinen Zelt die Nacht im Regen zu verbringen. Ausserdem verschmähe ich es nicht, wieder einmal eine weiche Unterlage zum Schlafen zu haben. Eine nette Nachbarin, die mit ihrem Wohnwagen hier campierte, brachte mir selbstgemachtes Biskuit zum Tee.

11.6.

Ich wähnte mich in Norwegen, diese Strassenführung war ich aus Australien gar nicht gewohnt. Es ging den ganzen Tag rauf und runter. Leider blies dazu noch ein Gegenwind und bremste mich ständig. Auch die entgegenkommenden Fahrzeuge erzeugten viel Wind, der mich jedes Mal zurückwarf. Meine Knie brannten, denn es braucht viel mehr Kraft, wenn man gegen den Wind radeln muss. Nach fünfundsiebzig Kilometern endlosem Kampf gegen die Natur erreichte ich endlich das Roadhouse Overlander. Für neunundneunzig Dollar mietete ich mich in einem Bungalow ein. Eigentlich ein überzogener Preis, denn die Leistung war nur die Hälfte wert. Zirka zwei Kilometer vor dem Ziel schenkte mir ein älterer Aussie eine Flasche Energydrink.

12.6.

Nach siebenundvierzig Kilometern landete ich im Roadhouse Billabong. Auch dieses Mal gab es wieder diese Berg- und Talfahrten. Für sechzig Dollar ergatterte ich ein Einzelzimmer und hoffte auf eine erholsame Nacht.

Am Rastplatz Nerren Nerren fand ich unter einem schönen Busch einen geeigneten Schlafplatz. Nachdem ich am Vorabend einen Schwindelanfall gehabt hatte, entschied ich mich dazu, in den nächsten Tagen weniger weit zu fahren. Trotz der Fliegenplage kochte ich mir einen dicken Haferbrei, mit dem ich hoffte, mein Gewicht etwas zu stabilisieren.

Kaum eine Stunde später gesellte sich ein Caravan zu mir und der Besitzer fragte, ob ich alleine sei, und erzählte, dass aus dem Süden ein junger Mann aus Florenz, der ebenfalls mit dem Fahrrad unterwegs sei, komme. Sie hätten ihn zu Kaffee und Kuchen eingeladen, und sobald er eintreffe, solle ich auch gleich mithalten. Kaum hatte ich meine Behausung aufgeschlagen, gesellte sich auch

95

schon der junge Italiener zu uns. Die nette Dame aus dem Wohnmobil rief mir zu, ich solle bei dem vor ihrem Fahrzeug stehenden Tisch Platz nehmen.

Urplötzlich stand ein kleiner, etwas ungepflegter, zirka fünfzigjähriger Mann neben mir und wollte sich auch zum Tisch gesellen, was die Gastgeberin aber nicht zuliess. Ich fragte den Mann, woher er komme und was er hier mache. Er erzählte mir, dass er aus Polen sei, schon seit siebzehn Jahren hier im Busch lebe und mit seinem kleinen alten Auto einfach das ganze Jahr rund um Australien fahre. Er bekomme Sozialhilfe und das reiche ihm, um über die Runden zu kommen. Er war nicht der einzige, der so lebt; ich liess mir erzählen, dass es viele von dieser Sorte gebe.

Nach ungefähr einer Stunde gesellte sich ein anderer Tourist mit einem grossen Van zu uns. Kurzerhand öffnete er die Hecktür und lud zwei Scooter aus. Zwei kleine Jungs stiegen aus dem Auto, fassten die Scooter und sausten auf dem Platz umher. Sogleich rannte der Pole zu seinem Auto und lud einen kleinen hölzernen Roller aus und fuhr mit Tempo hinter den beiden Buben her. Der Vater beobachtete diese Szene eine Weile, pfiff dann seine Jungs zurück, packte alles wieder ein und fuhr wieder weg. Wir Erwachsenen dachten uns unseren Teil. Sofort verstaute der Pole seinen Roller wieder, brachte eine Plastiktaube zu unserm Tisch und liess sie um unsere Köpfe surren.

Der junge Italiener entschied sich dazu, nach dem Kaffee- und Kuchenstopp weiterzureisen. Mir war schon vorher aufgefallen, dass der Pole Gefallen am Südländer gefunden hatte. Der Mann fackelte nicht lange, stieg in sein Auto und fuhr hinter dem Fahrradfahrer her. Einerseits war ich erleichtert, dass dieser komische Typ nicht die Nacht auf unserem Platz verbrachte, aber andererseits bangte mir ein wenig um den jungen Italiener, der ihm eventuell ausgeliefert sein könnte.

Am späteren Abend wurde ich von dem netten Ehepaar auch noch zu einem Glas Wein eingeladen. Es war ein netter Abend und Melina, die Frau, sagte mir, ich solle am Morgen ohne Hemmungen bei ihrer Tür anklopfen, sie würde mir gerne einen warmen Kaffee anbieten.

Melina stand schon in ihrer Tür, als ich am Morgen schon fast alle Sachen verpackt hatte, und rief: „Komm bitte einfach rein und geniesse den heissen Kaffee in der Wärme!" Sie gab mir selbstgebackene Energieplätzchen und die Reste vom Dinner mit auf den Weg. Die Pasta mit der feinen Sauce würde ich dann am Abend essen. Nach einem herzlichen Dankeschön meinerseits wollten sie noch meine E-Mail-Adresse, um mit mir in Kontakt zu bleiben.

13.6.

Auf dem Weg zum nächsten Rastplatz wurde ich wieder reichlich beschenkt: Ein Arbeiter gab mir eine Flasche eiskaltes Wasser und nach einigen weiteren Kilometern rastete ich auf einem Parkplatz, als ein Bus mit zehn Personen anhielt und der Fahrer zu mir kam, um mir eine Halbliterflasche kaltes Wasser zu überreichen. Nach zirka zwanzig weiteren Kilometern stoppte ein junges Ehepaar und schenkte mir eine Banane und einen Apfel. Im selben Atemzug luden sie mich ein, bei ihnen in Melbourne vorbeizuschauen, und gaben mir ihre Telefonnummer. Ich kam aus dem Staunen kaum mehr heraus.

14.6.

Auf einem Rastplatz fand ich eine schöne kleine Wiese, auf der ich mein kleines Stoffhaus aufstellen konnte. An diesem Abend konnte ich keine Bekanntschaften knüpfen; der Platz war riesig und die Toiletten stanken über das ganze Areal, und so verzog sich ein jeder in sein möglichst isoliertes Gemach. Am nächsten Morgen verliess ich den Platz schon früh, um in einem Hotel in Northampton zu übernachten.

16.6.

Ich kam bis Geraldton, und weil sich der Himmel immer mehr mit schwarzen Wolken überzog, entschied ich mich dazu, ein Motel direkt am Meer anzusteuern. Das Wetter zwang mich dazu, zwei Nächte zu bleiben.

18.6.

Nachdem ich unzählige Kilometer im trockenen Busch gefahren war, erfreute ich mich plötzlich an grünen, saftigen Wiesen, Viele Bauernhöfe lagen an der Strasse, zu niedlichen Dörfchen gruppiert. Ein angenehmes Herbstlüftchen war zu spüren, pechschwarze Kühe weideten friedlich. Ein eigentlich ungewohntes Bild auf dem staubigen, mit roter Erde überzogenen Kontinent. Ein wenig erinnert mich diese Gegend an den Kanton Jura. Ich staunte immer wieder darüber, wie vielfältig Australien ist und wie die Landschaftszonen wechseln. Ich war glücklich, der endlos langen, staubigen Wüste entronnen zu sein. Vor einem Laden in Dongara gratulierte mir ein alter Mann zu meinem Mut und meiner Ausdauer. Diese Gegend hier, vierhundert Kilometer nördlich von Perth, war viel zivilisierter und ich spürte, wie viel es mir bedeutete, wieder näher bei den Menschen zu sein. In Dongara übernachtete ich auf dem Campingplatz.

19.6.

Das erste Mal, dass ich verschlafen hatte! Eiligst packte ich alle meine Sachen zusammen und war erst um acht Uhr dreissig auf dem Highway und nicht wie sonst um sieben. Bei angenehmen zwanzig Grad radelte ich die einundsiebzig Kilometer bis Leeman, wo ich im Caravanpark eine Hütte buchte, nachdem es mir in der letzten Nacht im Zelt viel zu kalt gewesen war. In der Hütte gab es sogar einen Elektroofen, den ich sofort einschaltete, nachdem ich das Zimmer betreten hatte.

20.6.

Motel Pinnacles. Keine besonderen Vorkommnisse.

21.6.

In Lancelin musste ich zwei Nächte im Hostel bleiben, denn der entsetzliche Sturm liess ein Fahren mit dem Velo einfach nicht zu. Der Besitzerin erzählte ich vom komischen Polen auf dem Rastplatz und dem jungen Florentiner. Sie berichtete, der Italiener habe auch bei ihnen übernachtet und sie folge ihm auf Facebook. Ich sagte ihr, sie solle dem jungen Mann raten, im Billabong Roadhouse zu übernachten und sich dort eine Fliegennetz zu kaufen, denn ohne das sitzen diese Biester einem ständig in den Augen. Das Fahren auf dem Stahlesel ist gefährlich, wenn man ständig mit einer Hand die Viecher vertreiben muss.

Am nächsten Morgen kam die Besitzerin zu mir und erzählte mir, dass es dem jungen Mann gut gehe und er im Billabong Roadhouse gefrühstückt habe. Ich war sehr erleichtert.

24.6.

Ich nahm schliesslich den Bus nach Perth, denn der starke Gegenwind und die vielen Wasserlachen auf den Strassen luden nicht dazu ein, auf dem Drahtesel in die grosse Stadt zu fahren. Punkt sieben Uhr fuhr der Bus im Terminal in Perth ein, wo mich Margrit Würger schon erwartete. Sie brachte mich gleich zur Jugendherberge, wo ich ein nettes kleines Zimmer erhielt, in dem noch eine junge Frau war. Am Nachmittag zeigte mir Margrit noch viele kleine Sachen, die ich sonst hätte mühsam selber suchen müssen, sowie einen Veloladen, denn eine Bremse war schon wieder defekt. Gegen Abend brachte sie mich noch in das Theater, in dem sie arbeitete.

25.6.

Margrit und ich gingen in den Kings Park. Mich erstaunte die Vielfalt an Pflanzen, die dort zu sehen war. Ein tolles Erholungsgebiet für die Stadtbewohner! Leider waren viele Blumen schon verblüht, denn im Juni ist es in Australien schon Winter.

Am nächsten Tag musste Margrit noch an einer Sitzung teilnehmen und ich mein Velo abholen. Dann wollte ich mich noch ein wenig in der Stadt herumtreiben. Ich musste nochmals einen Tag im Hostel anhängen, denn das Wetter war schlecht. Aber am übernächsten Tag wollte ich weiter in Richtung Albany aufbrechen, um nach Norseman zu gelangen, denn mein lang ersehntes Ziel war es, durch die Nullarbor-Ebene zu fahren. Die längste gerade Strasse der Welt, auf der ich zum letzten Mal in den Outback vorstossen wollte.

27.6.

Trotz des unsicheren Wetters fuhren Margrit und ich mit dem Zug nach Fremantle, einer kleinen, schönen Stadt südlich von Perth.

Wir bummelten dort einige Stunden lang, bis wir völlig durchfroren waren, und wärmten uns dann in einem netten Café wieder auf.

Durch die Nullarbor-Ebene: ein letztes Mal im Outback

28.6.

Früh verliess ich die Jugendherberge und radelte nach Rockingham. Das Wetter wechselte zwischen leichtem Regen und Sonnenschein. In Rockingham übernachtete ich in einem Bed and Breakfast bei einem älteren Ehepaar, das sich so noch ein wenig Geld verdiente.

30.6.

Auf dem Weg nach Bunbury regnete es immer wieder sehr heftig. Nach zirka zwanzig Kilometern – ich sass gerade am Strassenrand – tauchte plötzlich die Polizei mit Blaulicht auf. Die Beamten stoppten abrupt vor mir, sprangen aus dem Auto und behaupteten, ich hätte das Fahrverbot für Radfahrer missachtet. Ich entgegnete, ich hätte kein Schild gesehen. Zum einen regne es so stark, dass selbst mein Helmschild ein gutes Sehen nicht möglich machte, zum anderen habe mir eine Frau in Rockingham versichert, dass ich auf dieser Strasse fahren dürfe. Sie brummten mir trotzdem eine Busse von dreihundert Dollar auf und ermahnten mich, ja keinen Meter weiterzufahren. Sie würden ein Begleitfahrzeug vorbeischicken, das mich zur Ausfahrt bringen würde. Da wäre ich allerdings auch alleine hingekommen, denn das Begleitfahrzeug fuhr einfach im Schritttempo in einem Abstand von zirka hundert Metern hinter mir her.

Ich wusste nun, dass die Polizei hier in Australien viel aggressiver als in Neuseeland ist, denn dort hatten mich diese uniformierten Typen jeden Tag einmal überholt. Nur einmal hielt in Neuseeland eine Polizistin an und fragte mich, ob ich Hilfe brauche, denn ich schob mein Rad gerade eine steile Strasse hoch. Als ich ihr versi-

cherte, nein, ich könne das alleine, rief sie mir zu: „Crazy woman!"
Dann brauste sie davon.

Wütend über diesen Zwischenfall mit der Polizei übernachtete ich
im Busch. Leider wusste ich nicht, dass mein Zelt ein Loch im
Boden hatte. Da es in der Nacht stark regnete, waren am Morgen
mein Schlafsack und die Vliesdecken pudelnass.

1.7.

In Australind buchte ich in einem Motel ein Zimmer für zwei
Nächte und hoffte, dass bis zur Abfahrt alles wieder trocken werden würde. Die Gegend um das Leschenault-Delta war wunderschön.

3.7.

Ich radelte bis Busselton und übernachtete dort im 4 Season Caravanpark im Zelt.

4.7.

Ich hielt in Gracetown an und nahm dort auf dem Campingplatz
eine Hütte, denn es sollte in der Nacht ein schweres Gewitter
geben. Wenn dann noch Hagel zum Regen dazukäme, würde das
mein Zelt nicht durchhalten. So war es dann auch und am Morgen
überraschte mich eine Wasserlache im Zimmer: Das Dach war
nicht dicht gewesen. Eiligen Schrittes begab ich mich zur Rezeption, um eine Beschwerde einzureichen. Schon eine halbe Stunde
später erhielt ich den Schlüssel zu einer anderen, diesmal dichten
Hütte. Ich hoffte, dass das Wetter am nächsten Tag wieder besser
sein würde und ich weiter gegen Süden vorstossen könne.

6.7.

Ich fuhr weiter nach Augusta. Nach vierzig Kilometern auf und ab
erreichte ich endlich das kleine Städtchen am Ende von Westaustralien. Ich blieb zwei Nächte, denn ich wollte noch zum Leucht-
turm von Augusta fahren. Dort kann man Wale beobachten und
ein versteinertes Wasserrad sowie eine Höhle sehen.

8.7.

Nach siebenundachtzig Kilometern erreichte ich mit Müh und Not
Nunnap, ein niedliches kleines Städtchen. Leider waren auf dem
Campingplatz schon alle Hütten ausgebucht, daher fragte ich nach

einem Schuppen oder einer Garage. Die hilfsbereite Managerin bot mir die Campingküche an. Damit ich es von unten nicht allzu kalt hatte, brachte sie mir sogar eine Daunendecke, was ich sehr schätzte. Ich machte mir dann unter dem grossen Esstisch ein Lager zurecht, füllte meine kleine Bettflasche mit kochendem Wasser und zog alle wärmenden Kleider an. Mit den beiden Schlafsäcken hatte ich es bis zum Morgen wunderbar warm, obwohl die Küche nur drei Wände hatte. Zigeunerleben pur!

9.7.

Petrus meinte es schlecht mit mir, denn schon am Morgen liess er es regnen und dazu hatte ich noch viele Hügel zu überqueren. Nach vierundfünfzig Kilometern war ich so müde, dass ich einfach ein teures Ressort im Karri Valley ansteuerte. Eigentlich wollte ich nach Pemberton ins Backpackers, da der Ort aber nochmals gute zwanzig Kilometer weiter entfernt war und unzählige Hügel zu überqueren waren, war ich bereit, den sehr hohen Übernachtungspreis von zweihundertsiebenundzwanzig Dollar hinzublättern und erst am nächsten Tag nach Pemberton zu radeln. Meine Kleidung war komplett nass, aber im Luxushotel gab es eine gute Heizung und ich hoffte, dass bis zum Morgen alles wieder trocken sein würde.

Bei trockenem Wetter legte ich dann die fünfundzwanzig Kilometer nach Pemberton zurück. Eigentlich verrückt, wie man solche Strassen bauen kann, auf denen man fünf Minuten runterfährt und dann eine halbe Stunde wieder hinaufschiebt! Ich beschloss, den Hügeln den Rücken zu kehren und in drei Tagen den Bus von Pemberton nach Albany zu nehmen. Da dieser Linienbus nicht jeden Tag fährt, blieb mir nichts anderes übrig als zu warten. Ausserdem gab es in Pemberton einiges anzusehen. Der Manager bot mir ein schönes Einzelzimmer um vierzig Dollar an. Eigentlich hätte es mehr gekostet, aber er meinte: „Ich schenke dir einen Tag, weil du unsere Umwelt mit dem Fahrrad schützt." Ich war ganz alleine in der schönen, sauberen Herberge und genoss das Alleinsein, da ich mich so gut erholen konnte. Gegen neun Uhr abends pochte es plötzlich an der Haustür und eine neue Passantin trudelte mit ihrer Tochter ein. Wir kamen ins Gespräch und sie lud mich zu sich nach Canberra ein.

13.7.

Ich erreichte Albany bei Einbruch der Dunkelheit und übernachtete im sehr sauber geführten und ruhigen Backpackers in der Innenstadt.

14.7.

Nachdem mir ein Gratisfrühstück um acht Uhr versprochen worden war, wartete ich bis weit über acht darauf. Vermutlich hatte die Lady verschlafen, und so entschied ich mich dazu, ohne Frühstück, nur mit einem Kaffee im Bauch, weiterzuziehen. Ein nettes Ehepaar, auch Fahrradfahrer – besser gesagt Sonntagsfahrer – begleitete mich aus der Stadt. Ich fuhr in Richtung Bremer Bay, mein neues Ziel. Dort wollte ich Barbara besuchen, die mir das Ehepaar aus Townsville, das ich auf einem Rastplatz kennengelernt hatte, empfohlen hatte.

Leider hatte ich ja vor einigen Tagen eine Busse von dreihundert Dollar bekommen, die ich innerhalb eines Monats zahlen musste. Ohne es zu wissen, war ich auf der Autobahn, die hier nicht wie sonst überall Motorway, sondern Freeway heisst, gefahren. Ich hatte dem Ehemann dieses Paares von dem Versehen erzählt. Er organisierte mir sofort einen Besuch bei Barbara, einer sehr interessanten Dame, die mir helfen sollte, einen Einspruch zu schreiben.

An diesem Nachmittag stoppte ein älteres Ehepaar und der Mann bot mir an, mein Fahrrad den Berg hochzuschieben. Nach kurzer Zeit atmete er so schwer, dass ich Angst hatte, dass er einen Herzinfarkt bekommen würde. Ich riet ihm langsamer zu gehen und half ihm schieben. Leider war auch diese Strecke wieder zu lang, um eine Unterkunft zu finden, und so musste ich wieder im Busch übernachten. Ein idyllisches, ruhiges Plätzchen liess mich erst wieder im Morgengrauen erwachen.

16. 7.

Ich hatte nochmals sechsundsechzig Kilometer hinter mich zu bringen, bis ich bei Barbara in Bremer Bay war. Wieder gab es viele

103

Hügel zu überqueren. Doch dann wurde plötzlich die Strasse flach und meine Beine konnten sich ein wenig ausruhen. So gegen drei Uhr nachmittags sprach ich endlich beim Haus Emmastrasse 20 vor. Barbara hatte mich schon lange erwartet und rief: „Komm nur rein und fühle dich wie zu Hause!" Tief und fest schlief ich nach einem herrlichen Dinner bis morgens um sieben in einem weichen Bett.

Barbara wollte mit mir zur Gemeinde gehen, dort einen Einspruch schreiben, den dann scannen und mit der Strafverfügung ans Polizeipräsidium senden. So taten wir es dann auch. Dann konnte ich nur darauf hoffen, dass mein Einspruch Früchte trägt und ich die Busse storniert bekomme.

Am Nachmittag fuhren wir mit ihrem Auto nach Port Ann, einem wunderbaren Stück Erde. Das Meer war tiefblau und wir konnten Wale beobachten, wie sie sich unter der Wasseroberfläche sonnten und langsam fortbewegten. Barbara schrieb Bücher über Wildblumen in Südwestaustralien, und so kam ich in den Genuss, mit ihr durch den Busch zu streifen und viele schöne fremde Blumen kennenzulernen.

Barbara nahm mich auch zum Seniorentreffen mit Kuchen und Kaffee mit. Ich hatte allerdings das Gefühl, dass ich da noch nicht hingehöre. Am Nachmittag fuhren wir in den Outback und sie zeigte mir viele wunderbare Wildblumen und Felsriffe am Meer. Barbara ist eine ausgezeichnete Köchin, betreibt einen Gemüse- und Blumengarten, fährt Auto wie eine Vierzigjährige und hat ein ausgezeichnetes Gedächtnis.

18.7.
Auch an diesem Tag fuhren wir nach getaner Arbeit wieder in die Wildnis Australiens und ich genoss die Stille der Abgeschiedenheit. Durchs Gebüsch streifend jagten wir nach Orchideen, von denen es hier nur geradezu wimmelt. Wir hatten tatsächlich Erfolg und fanden auch welche, die sehr selten sind.

19.7.
Barbaras dritter Sohn, von denen sie fünf hat, feierte seinen sechzigsten Geburtstag und dazu war auch ich eingeladen. Wir muss-

ten dort übernachten, denn es waren vierhundert Kilometer bis zu seinem Haus. Es gab eine Party mit fünfzig Gästen. Vorsichtig bereitete mich Barbara aber darauf vor, dass ihre Schwiegertochter nicht die perfekte Hausfrau und Hygiene für sie ein Fremdwort sei. Ach, schon wieder, dachte ich bei mir. Ich war das von Neuseeland gewohnt, denn dort nehmen es viele auch nicht so genau. Leider war es kalt und regnerisch, und da es im Haus für so viele Personen keinen Platz gab, richteten sie das Essen im nebenstehenden Schuppen an. Zum Glück wärmte der Grill die Umgebung ein wenig.

22.7.

Ich fuhr wieder weiter, denn das Wetter war endlich etwas stabiler und ich hoffte, dass es bis Jerramungup trocken bleiben würde. Ich musste wieder im Busch übernachten, denn es war zu weit bis zum nächsten Caravanpark.

23.7.

In Jerramungup leistete ich mir eine Hütte im Caravanpark, denn meine ganze Campingausrüstung war nass. Zum Glück erreichte ich den Platz früh genug, um mein Zelt in der schwachen Sonne noch trocken zu kriegen.

24.7.

Auch in dieser Nacht gab es für mich ein Buschcamp. Die wärmende Bettflasche half mir sehr über die kühle Nacht, denn bis Ravensthorpe war es einfach viel zu weit, wenn so viele ekelhafte Hügel zu überqueren sind. Ich verlor durch die Steigungen so viel Zeit, dass ich erst nachts angekommen wäre. Dann sind die Rezeptionen alle geschlossen und ein Aufstellen des Zeltes in der Dunkelheit ist auch nicht angenehm.

Auf dem Weg nach Ravensthorpe stoppte ein Inder, er arbeitete für die Regierung und interessierte sich für meine Reise. Er empfahl mir, seinen Freund in Ravensthorpe zu besuchen, denn der hätte eine Tankstelle und gutes Essen. Ich versprach ihm, am nächsten Tag dort vorbeizufahren. Für heute müsse ich im Busch übernachten, aber am nächsten Nachmittag sollte ich Ravensthorpe erreichen.

Tatsächlich traf ich den Inder nochmals, vermutlich hatte er bei seinem Freund übernachtet, denn es war gegen Mittag, als er mir wieder entgegenkam. Er rief mir zu, er habe mich schon bei seinem Freund angemeldet. Die Tankstelle befand sich genau gegenüber von dem Motel, in das ich eingecheckt hatte.

Ursprünglich wollte ich auf den Caravanpark, aber das Hinweisschild war so verwirrend, dass ich am falschen Ort landete. Eigentlich wollte der Manager des Motels neunundneunzig Dollar für das Zimmer, aber nachdem ich ihm erklärt hatte, dass ich weiterfahren würde, fragte er mich, wie viel ich denn zahlen wolle. „Nicht mehr als siebzig Dollar", meinte ich. „O.k., dann kannst du es für siebzig Dollar haben." Ich versprach ihm, zwei oder drei Nächte zu bleiben, denn erstens war das Wetter unsicher, zweitens hatte ich viele Schreibarbeiten zu erledigen und drittens tat es mir gut, mich ein wenig auszuruhen.

29.7.

Da es am Morgen um sieben schon klar war, entschied ich mich dazu weiterzufahren. Ich hatte aber die Rechnung ohne den Wirt gemacht, denn gegen Mittag zogen schwere schwarze Wolken am Horizont auf. Nicht lange danach regnete es in Strömen und ein orkanartiger Wind stoppte meine Fahrt. Triefend vor Wasser schob ich mein Rad auf dem Highway. Plötzlich tauchte auf der rechten Strassenseite ein kleiner verlassener Schuppen auf, der auf vier Pfählen stand und auf dem ein Schild befestigt war: „Rural Depot". Ich stieg die vier Treppen zur Schiebetüre hoch und inspizierte das Innere kurz.

Ausser viel rotem Staub, etwas Seidenpapier, das von Nagetieren zerkleinert worden war, Plastik, Bier- und Colaflaschen war nichts zu finden. Vermutlich wurde der Schuppen schon seit vielen Jahren nicht mehr benutzt. Im Nu schob ich den Unrat mit meinen Schuhen zu einem Haufen zusammen und richtete mir ein Nachtlager ein. Auf der anderen Seite hatten sogar das Fahrrad und der Trailer Platz. Über alledem spannte ich eine Schnur, um meine nassen Sachen zum Trocknen aufzuhängen. Die Schiebetür, die

sonst bis zur Hälfte offen steht, zog ich bis auf einen kleinen Spalt
zu.

Da der Schuppen sehr stabil und wasserdicht gebaut war, liess er
auch keinen Tropfen Regen herein. Dem Bauern, der nur einen
Kilometer weiter hinten wohnte und fünfmal mit seinem Traktor
vorbeifuhr, fiel nicht auf, dass die Schiebetür auf einmal nur noch
einen Spaltbreit offen war. Ich schlief himmlisch und am Morgen
präsentierte sich der Himmel von seiner besten Seite. Kurz bevor
ich alles aufgeladen hatte, kam der Bauer wieder vorbei, diesmal
sah er mich aber und schaute mich mit riesigen Augen an. Zu spät,
dachte ich und war bereits verschwunden, als er das nächste Mal
zurückkam. Die Strasse war zum Glück eben und ich hatte vor, bis
Esperance zu radeln.

Plötzlich tauchte am Strassenrand ein Fahrradfahrer auf. Er hatte
mich vermutlich schon lange im Visier gehabt, denn er schwenkte
winkend und auf seinem Rad stehend auf meine Seite. Es stellte
sich dann heraus, dass Markus ein Schweizer aus Fribourg ist. Da
er aber nur sehr wenig Deutsch spricht und ich zu wenig Franzö-
sisch, unterhielten wir uns auf Englisch. Er war schon vier Jahre
unterwegs, ohne ein einziges Mal zu Hause gewesen zu sein,
wollte aber nun Weihnachten 2020 wieder mit seinen Eltern feiern.
Ich freute mich riesig, nach drei Monaten wieder einmal einen
Velofahrer zu treffen. Wir unterhielten uns lange und ich empfahl
ihm, doch im nahen Schuppen zu nächtigen, denn er war bereits
sechzig Kilometer weit gefahren und bis dorthin waren es nochmals zwanzig.

Im Hostel in Esperance bekam ich ein schönes Einzelzimmer für
den Preis von einem Bett im Schlafsaal. Die Managerin meinte, wer
so weit fährt, der brauche seine Ruhe. Ich entschied mich dazu,
zwei Nächte zu bleiben, denn ich wollte am nächsten Tag noch
den kleinen Ozean Drive fahren, der ganze elf Kilometer lang ist
und eine wunderbare Aussicht auf das Meer, die Küste und die
Stadt bietet.

1.8.

Schon um sechs Uhr dreissig radelte ich aus dem niedlichen Städtchen Esperance. Es war sehr ruhig, nur einige Arbeiter waren mit ihren vollbeladenen Autos unterwegs. Ich kam sehr gut voran.

Ich wollte auf einem Parkplatz eine Kleinigkeit essen. Dort befand sich auch ein Wohnmobil, das einem älteren Ehepaar gehörte. Der Mann lief mit einem Hund rund um den Platz und ich wunderte mich, warum er an einem Fuss einen Winterstiefel und am anderen eine Sandale trug.

Ich sprach ihn darauf an. Er meinte, er habe eine entzündete Stelle an der grossen Zehe und könne mit diesem Fuss nicht mehr in den Stiefel schlüpfen. Ich forderte ihn auf, mir die Zehe zu zeigen. Sie sah wirklich ganz schlimm aus. Ich riet ihm, die Zehe in Kamillentee zu baden, morgens und abends, und das fünf Tage lang. Er bedankte sich, rief seine Frau aus dem Wagen und ich musste ihr noch einmal beschreiben, was mit dem Fuss zu machen sei. Daraufhin bot sie mir einen Tee an und brachte eine Schachtel Müsliriegel.

Gegen Abend fand ich dann ein sehr ruhiges und sicheres Nachtlager im Busch. Ich hatte noch genügend Zeit, mir ein Nachtessen zu kochen und alles für den nächsten Tag herzurichten, bevor es dunkel wurde.

2.8.

Auf einer ebenen Strasse, die allerdings in sehr schlechtem Zustand war, radelte ich in Richtung Osten. Gegen Mittag gönnte ich mir im Roadhouse Salmon Gums einen Cappuccino und eine Wurst, als eine Einheimische auftauchte und mir riet, auf ihrem Campingplatz zu bleiben, der nur zehn Dollar koste. In Norseman müsse ich vierundachtzig zahlen, ausserdem werde in Norseman alles gestohlen. Ich lachte müde und erklärte ihr, dass ich ja sowieso in Norseman übernachten müsse, ausserdem sei ich erst dreissig Kilometer geradelt und wolle das schöne Wetter ausnützen. Sie war sehr enttäuscht und sauste wie der Wirbelwind davon.

Drei Stunden später hielt ein Arbeiter neben mir an und fragte, ob ich mitfahren wolle, denn er müsse nach Norseman. Ich überlegte nicht lange, nahm sein Angebot an und dachte bei mir, so muss ich nicht wieder im Busch übernachten. Im Nu luden wir alles auf seinen Pickup. Zum Dank lud ich ihn auf einen Kaffee ein. Er führte mich noch bis vor die Rezeption des Caravanparks. Nachdem ich mich herzlich für die Fahrt bedankt hatte, brauste er davon.

3.8.

Nun hiess es, alles einzukaufen, was ich für die Durchquerung der Nullarbor-Ebene brauchte, denn in den Roadhouses an der Strecke gibt es wenig und das zu horrenden Preisen.

4.8.

Bei Tagesanbruch startete ich voller Elan in die Wildnis. Viele Autofahrer winkten und hupten mir zu. Sie wussten alle: Aha, die fährt die Nullarbor Plain! Eine echte Herausforderung, der ich mich schon lange stellen wollte. Nun war es soweit!

Nach acht langen Stunden erreichte ich die Fraser Range. Dort mietete ich mich in einem Bungalow ein. Sündteuer, und der Luxus blieb auf der Strecke, aber die einzige Möglichkeit, um am nächsten Tag nicht schon wieder ein nasses Zelt zusammenpacken zu müssen.

5.8.

Der Himmel war tiefblau und ein frischer Wind strich durch mein Haar. Ich wollte Balladonia, das erste Roadhouse auf dieser Route, ansteuern. Gegen Mittag stoppte ein Auto zirka hundert Meter vor mir und ich sah, wie der Mann eine Kamera auf mich richtete. Ich lachte und winkte ihm entgegen. Er sprach mich an und sagte: „Hey, ich habe dich gestern schon gesehen. Fährst du die Nullarbor Plain? Weisst du, was das heisst?" Auf seinem Hemd sah ich die Aufschrift Roadhouse Balladonia. „Genau dorthin will ich!", sagte ich und zeigte auf seine Brust. Er meinte: „Das sind aber noch mehr als hundertachtzig Kilometer." „Ja, ich weiss, denn ich habe mir die Strecke vorher genau angesehen." „Diese Nacht", so sagte ich ihm, „werde ich im Busch übernachten, aber die nächste werde ich in Balladonia verbringen." Er warnte mich davor, dass die Hütten sehr teuer seien.

So entschied ich mich in Balladonia für den Zeltplatz, obwohl der Angestellte dreimal fragte, ob ich nicht doch ein Zimmer mieten wolle. „Nein, es ist mir zu teuer", meinte ich und stellte mein Zelt auf, obwohl ich todmüde von den Strapazen des Tages war. Ich war siebenundneunzig Kilometer mit vielen Höhenmetern geradelt.

Kaum hatte ich mich eingerichtet, parkierte ein Wohnwagen neben mir. Eine ältere Frau mit ihrem Sohn wollte die Nacht auch hier verbringen. Nach kaum einer halben Stunde packte der Sohn ein E-Piano aus und spielte wunderbare Lieder. Sein Hund stand daneben, als müsse er aufpassen, dass sein Herrchen keine Fehler macht. Ich lag noch eine Weile wach und horchte der schönen Abendserenade zu. Als er das Lied von Schiwago spielte, fielen mir die Augen zu und ich war weg.

6.8.

Wieder machte ich früh Tagwache, um die halbe Strecke von den hundertdreiundneunzig Kilometern bis zum nächsten Roadhouse auf die Reihe zu bringen. Das bedeutete wieder eine Übernachtung im Busch. Leider fing es gegen Mittag zu regnen an und ich wusste nicht, ob ich überhaupt mit dem Rad in den Busch fahren könne, denn der Sand wird durch den Regen sofort weich. Nachdem ich zwei Stunden so dahin geradelt war, hielt plötzlich ein Wohnwagen neben mir und der Pianist von gestern Abend hüpfte aus dem Wagen. „Are you ok?", fragte er. Er wolle mir noch adieu sagen und ich solle gut auf mich aufpassen.

Nun würde ich die längste gerade Strecke der Welt unter meine Räder nehmen! Dreiunddreissig Kilometer nach Balladonia beginnt die gerade Strecke von hundertsechsundvierzig Kilometern, die in Caiguna endet. Die gesamte Nullarbor-Strecke misst tausendzweihundert Kilometer und reicht bis Ceduna. Eine riesige Tafel erinnert alle Durchfahrenden daran, dass nun die längste gerade Strecke der Welt beginnt, und alle wollen ein Foto von sich vor dieser Tafel.

So war auch ich daran, meine Kamera zu zücken, als ein Aussie anhielt, zu mir kam und anbot, ein Foto von mir unter dieser besonderen Tafel zu machen. Danach erzählte er mir, dass er vor Jahren denselben Trailer gehabt habe und damit von Perth nach Melbourne gefahren sei. Als er dann aber von mir hörte, dass ich in Darwin gestartet war, blieb ihm der Kiefer unten. Nachdem er sich wieder gefangen hatte, fragte er mich, was er mir auf den Weg mitgeben könne. Ich wollte ihn nicht enttäuschen und sagte einfach: „Ein wenig Brot." Eigentlich hatte ich ja schon alles für diese sehr spezielle Tour eingekauft. Er brachte mir fünfzehn Scheiben Toastbrot und zwei riesige Bananen. Nachdem ich mich überschwänglich bedankt hatte, nahm er mich in die Arme und sagte: „I love you!" Er drückte mich so fest, dass ich fast keine Luft mehr bekam.

Kaum hatte er seine Umarmung beendet, stoppte ein älteres Ehepaar mit seinem Wohnwagen. Die Frau stieg aus und kam auf mich zu. Sie habe mich gestern auf dem Campingplatz gesehen. Sie hätten neben mir geparkt. Ich musste zugeben, dass ich sie nicht gesehen hatte, denn der Pianist hatte mich so in seinen Bann gezogen, dass ich rundherum nichts mehr wahrnahm. Sie wollte mir etwas mit auf den Weg geben. Ich erklärte ihr, dass ich soeben von dem Mann Lebensmittel erhalten habe und eigentlich gut eingedeckt sei.

7.8.

Bei eisigen Temperaturen und mit klammen Fingern räumte ich im Busch meine Sachen zusammen. Mein heutiges Ziel war das Roadhouse in Caiguna. Dank des flachen Streckenabschnittes und des Rückenwindes erreichte ich mein Domizil schon um vierzehn Uhr. Ich war heilfroh, denn mein Zelt war pudelnass und so konnte es im Wind noch trocknen. Diesmal leistete ich mir allerdings einen Bungalow, denn ab und zu ein weiches Bett und ein trockenes Zimmer sind ein Trostpflästerchen im Veloalltag.

8.8.

Der Tag schien gut zu werden, denn der Himmel präsentierte sich schon früh am Morgen stahlblau. Ich hatte leichtes Spiel, denn der

111

Rückenwind trieb mich voran. Ich musste ausserdem nur achtund-
sechzig Kilometer weit fahren und schon wartete das nächste
Roadhouse auf mich. Schon um zwölf Uhr mittags checkte ich in
Cocklebiddy ein. Da sich der Himmel auf einmal mit vielen
schwarzen Wolken füllte, entschied ich mich wieder für einen
Bungalow. Hundertdreissig Dollar wollte die Managerin dafür.
Ausser dass die Türe nicht dicht war und der starke Wind meinen
Vorhang hin- und herschob, schien das Zimmer in Ordnung zu
sein.

9.8.

Die Strecke war zwar schön, aber der Asphalt oft schlecht. Busch
säumte die Strasse, soweit das Auge reichte. Müde, aber zufrieden
checkte ich im Roadhouse in Madura ein. Bis jetzt war dieses das
schlimmste Roadhouse, denn ausser Süssigkeiten und Chips
konnte man gar nichts kaufen. Hier wurden die Gäste ins Restaurant gelockt, dessen Preise weit über dem üblichen Niveau lagen.

10.8.

Nachdem es in der Nacht wieder geregnet hatte, lachte mir am
nächsten Morgen die Sonne schon früh von Osten her entgegen. Es
gab rundherum schwarze Wolken, denen ich aber bis zehn Kilometer vor Mundrabilla, dem Roadhouse, in dem ich die Nacht
verbringen wollte, immer entkam.

Ungefähr dreissig Kilometer nach Madura entschied ich mich
dazu, auf einem Rastplatz meinen Lunch einzunehmen. Plötzlich
sah ich ein Auto mit der Aufschrift „Allensbach". Das konnte nur
ein Schweizer oder Deutscher sein! Als ob die Frau meine Gedanken lesen könnte, rief sie mir zu: „Wie viele Kilometer machst du
am Tag und wo kommst du her?" Ihr Mann kam auf mich zu und
meinte: „Mein Vater war Schweizer und betrieb einen kleinen
Bauernhof auf der Schweizer Seite des Bodensees. Weil sein
Betrieb zu wenig abwarf, entschied er sich als junger Bauer dazu,
nach Australien zu übersiedeln."

Am Nachmittag stoppte mich eine Autofahrerin. Sie suchte eine
Skateboarderin, die sie in Perth getroffen hatte und von dort mit
Sack und Pack nach Melbourne fahren wollte, und wollte wissen,

ob ich ihr begegnet sei. Leider hatte ich sie nicht gesehen, entweder war sie vor oder hinter mir. Diese Skateboarderin arbeitete ehrenamtlich und verteilte Prospekte, die dazu auffordern, die Finger von Drogen und Alkohol zu lassen.

Als dritter stoppte ein Halbaborigine und fragte sogleich: „Hey, where do you sleep tonight?" Meine Antwort war: „I don't know." „Ja, aber wo fährst du denn hin?" „Zum nächsten Roadhouse." „Das ist aber noch sehr weit entfernt! Wenn du willst, kannst du mit mir mitfahren, denn ich will nach Brisbane." Ich lehnte ab und erklärte ihm, dass ich hier sei, um mit dem Velo zu fahren und nicht um in Autos zu steigen. Etwas enttäuscht wünschte er mir eine sichere Fahrt und brauste davon. Nach hundertzehn Kilometern erreichte ich endlich das ersehnte Roadhouse. Todmüde fiel ich nach einer warmen Dusche ins Bett.

11.8.

Am Morgen entschied ich mich dazu, nochmals einen Tag anzuhängen. Einerseits brauchte ich Erholung und andererseits sagte der Wetterbericht schlechtes Wetter voraus, das dann aber allerdings nicht eintraf.

12.8.

Ich fuhr dann weiter bis zum Motor Hotel in Eucla. Eucla ist ein Pass, allerdings nicht so hoch, wie die Pässe in der Schweiz. Trotzdem musste ich mein schweres Rad schieben. Für sechzig Dollar ergatterte ich ein schönes Zimmer. Dank der gut eingerichteten Campingküche konnte ich mir eine Suppe kochen und die Hawaiianische Pouletroulade im Mikrowellenherd aufwärmen.

In der Küche lernte ich auch Simon kennen, der rund um Australien Prospekte verteilte, um auf die Notwendigkeit der Früherkennung von Krebs bei Kindern aufmerksam zu machen. Er wollte vieles von mir wissen und war erstaunt, dass ich alleine so weit reise. Allerdings war mir nicht bewusst, dass er seiner Campingplatznachbarin von mir erzählte.

13.8.

Kurz bevor ich die Grenze nach Südaustralien erreichte, überholte mich eine Frau in einem schwarzen Auto und winkte mir zu. Da ich sie nicht erkannte, dachte ich, dass sie mich in Eucla auf dem Campingplatz gesehen habe, so wie viele andere auch. An der Grenze stand sie dann und rief mir zu: „Congratulations, you are in South Australia!"

Sie sagte, dass Simon ihr von mir erzählt habe. Sie war von seinem Bericht tief beeindruckt gewesen und wollte von mir noch einmal alles hören. Natürlich machte sie ein Foto von mir und auch eines mit meiner Kamera, damit es ersichtlich ist, dass ich die Nullarbor-Ebene durchquert habe. Sie schenkte mir einen grossen grünen Apfel und meinte: „Wenn du nach Port Lincoln fährst, wirst du mich bestimmt sehen, denn ich werde auch dort sein." Ich übernachtete dann siebzig Kilometer später im Busch.

14.8.

Nach ungefähr achtzig Kilometern in Richtung Nullarbor Roadhouse stoppte eine Harley und eine Frau im mittleren Alter stieg von ihr runter. „Hey, ich habe dich schon gestern gesehen, als ich in die andere Richtung fuhr. Eigentlich sah ich nur dein Fahrrad am Strassenrand." Anscheinend war ich gerade hinter einem Busch auf der Toilette gewesen. Sie wollte alles wissen und staunte, als sie hörte, dass ich in Darwin gestartet war. Sie erzählte mir, dass sie aus der Mongolei stamme, dann nach Australien gekommen sei, hier geheiratet und einen fünfundzwanzigjährigen Sohn habe und auch er und ihr Mann Harleys fahren. Sie gab mir ihre Telefonnummer und ich musste ihr versprechen, dass ich sie in Sydney besuchen komme. Sie besitze unten in Sydney ein Haus am Meer und sie werde mich mit dem Auto dorthin fahren und ich könne bleiben, solange ich wolle. Ich war über so viel Grosszügigkeit verblüfft und bedankte mich überschwänglich.

Wenig später stoppte ein junges Paar. Er stammte aus Irland, arbeitete seit acht Jahren in Sydney und wollte wissen, ob ich genug Wasser mitführe. Er habe noch Lebensmittel, die sie nicht brauchen, und schenkte mir ein Rübe, zwei Bananen, eine Schachtel Kirschtomaten und einen Aprikosenkäse. Ich war erstaunt, wie hilfsbereit die Menschen hier im Süden von Australien sind. Oben im Norden waren sie viel reservierter. Es mag sein, dass die Distanzen oben grösser sind, das Leben härter ist und deshalb die Menschen zurückhaltender sind.

Nach hundertfünfzehn Kilometern traf ich im Roadhouse Nullarbor ein und erhielt die letzte Hütte. Hier wollte ich zwei Nächte bleiben, da es am nächsten Tag regnen sollte, was sich dann allerdings wieder einmal als falsch herausstellte. Eine kleine Pause schadete aber auch nicht, musste ich doch am nächsten Abend wieder im Busch ausharren.

15.8.

Weiter ging's in rasantem Tempo nach Osten. Am späten Nachmittag überholte mich ein älterer Wohnmobilfahrer und zirka fünfhundert Meter später stoppte er, obwohl da kein Parkplatz war. Er rannte über die Strasse, hob etwas auf und rannte wieder zurück. Dann versteckte er sich hinter seinem Fahrzeug. Was er aber nicht wusste, war, dass ich seine Füsse unter dem Wagen sehen konnte. Ich wusste sofort, dass da etwas nicht stimmte. Er beobachtete mich durch seine Windschutzscheibe und als ich auf seiner Höhe war, kam er zur Strasse und entdeckte zu seinem Schrecken, dass ich alt bin, und meinte dann als Ausrede zu mir: „It's a long road." Dann stieg er in sein Auto und fuhr schnell an mir vorbei. Es war mir klar, dass er auf junge Frauen aus war, und in dem Augenblick war ich heilfroh alt zu sein. Junge Frauen hätte er dann eingeladen, in seinem Wohnmobil mitzufahren.

Es ist ganz typisch, dass man im gesetzteren Alter nicht zum Mitfahren eingeladen wird. Das war mir auch zirka zehn Tage vorher in der Nähe der Fraser Ranch passiert. Ein alter Wohnmobilfahrer stoppte mich und meinte dann, als ich näher kam: „Oh, you are not the girl I am looking for." Ich fragte ihn daraufhin, welches Mädchen er denn suche. Es stellte sich heraus, dass es sich um eine hübsche Französin handelte, die auch mit dem Fahrrad unterwegs war. Er erzählt mir noch, dass er sie auf der Fraser Ranch gesehen und dort aufgefordert habe, doch mit ihm durch den Nullarbor zu fahren. Sie aber habe abgelehnt und gemeint, sie wolle das mit dem Fahrrad machen. Er wollte sie wieder sehen, um sie nochmals

115

aufzufordern, mit ihm mitzukommen. Ich meinte dann nur: „Sie muss hinter mir sein, denn ich habe sie nicht gesehen."

Der Manager der Jugendherberge in Pemberton hatte mir zwei Tage vorher auch von ihr erzählt und ein Foto von ihr und ihrem Fahrrad mit Anhänger gezeigt. Er meinte, sie sei zwei Tage vor mir.

In der Nullarbor Plain wurden innerhalb von acht Jahren acht Radfahrerinnen ermordet, wie ich in der Nähe von Perth von einem Ehepaar erfahren hatte. Ich tat also gut daran, vorsichtig zu sein.

In meinem Buschversteck hatte ich sehr gut geschlafen. Leider begann es am Morgen zu regnen, aber gegen Mittag hellte es auf. Es war wieder ein besonderer Tag, denn gleich vier Autos hielten auf meiner Höhe an. Der erste Fahrer wollte von mir wissen, ob ich genug Wasser habe, und seine Frau bot mir dann zwei Müsliriegel an und meinte: „Take care!" Die beiden nächsten boten mir auch Wasser und eine Cola an. Der letzte wollte mir eiskaltes Wasser geben, was ich aber ablehnte. Daraufhin bot er mir frischen Schinken an, den ich ihm zuliebe nicht ablehnte. Er meinte: „Du musst noch über viele Hügel!" Was auch stimmte, aber dazwischen konnte ich auf der flachen Strasse mit bis zu fünfundzwanzig Stundenkilometern dahinsausen. Die nächste Nacht wollte ich im Roadhouse Nundroo verbringen.

Das Roadhouse Nundroo enttäuschte mich ein wenig, denn es fehlte an vielem, vor allem an Hygiene, wie immer, wenn von Dunkelhäutigen das Zepter geführt wird. In den östlichen Ländern herrscht eine andere Kultur und so bringen sie ihre Gewohnheiten ins fremde Land mit.

16.8.

Der Tag versprach nicht das beste Wetter, aber die kalte und ungemütliche Hütte verleitete mich dazu weiterzuziehen. Bis fünfzehn Kilometer vor Penong regnete es immer wieder. Der plötzlich starke Wind vom Meer her liess ein Fahren mit dem Rad nicht mehr zu. Es wurde gefährlich für mich, denn der Sturm wehte mich von einer Seite zur anderen und die Roadtrains hupten schon von weitem. Immer wieder fiel ich hin und ein Aufstellen des voll-

116

beladenen Rades war sehr schwierig. Ein junges Paar stoppte und half mir, aber nach zwei Minuten lag ich schon wieder am Boden. Die Frau stoppte ein anderes Auto mit Anhänger. Dessen Fahrerin hatte leider auch keinen Platz, versprach mir aber, in der nahen Siedlung nach einem Helfer zu suchen.

Kurze Zeit später brauste ein Pickup heran und rief mir zu: „Are you the lady who needs help? Es war der Manager der Tankstelle des Roadhouses. Ich war ihm unendlich dankbar. Leider hatte das Roadhouse keinen Caravanpark und der Manager verwies mich dann auf den nächsten, der fünfhundert Meter entfernt war. Der Caravanpark hatte eine schön warme Hütte für mich, die ich dann in vollen Zügen genoss.

18.8.

Endlich erreichte ich Ceduna und hatte somit die Nullarbor-Ebene hinter mir. Auf dem Campingplatz bekam ich einen schönen Bungalow für neunundneunzig Dollar. Nachdem ich mich einigermassen eingerichtet hatte, machte ich mich daran, meine WhatsApp-Nachrichten zu lesen, nachdem ich vierzehn Tage keine Internet-Verbindung gehabt hatte. Es ratterte nur so von vielen Nachrichten und Fragen. Ich war froh, wieder in der Zivilisation zu sein. Es ist eine reiche Erfahrung, den Outback zu erleben, aber die Entbehrungen sind auch sehr gross und wir sind es nicht mehr gewohnt, in der Natur zu leben.

19.8.

Buschübernachtung.

20.8.

In Streaky Bay übernachtete ich in einem alten Hotelkasten. Eine Gefängniszelle bietet mehr Komfort als dieses Hotel. Zumindest war das Frühstück, das im Preis inbegriffen war, in Ordnung.

21.8.

Port Kenny.

22.8.

Elliston.

25.8.

Endlich, nach zwei Buschübernachtungen, kam ich am Nachmittag in Port Lincoln an. Zu meinem Entsetzen war die Jugendherberge wegen eines Todesfalls in der Familie zwei Wochen lang geschlossen und der gegenüberliegende Zeltplatz war voll. So blieb mir nichts anders übrig, als den Tourist Park anzufahren, der sich leider auf der Kuppe eines Hügels befand. Mehr als einen Kilometer schob ich mein Fahrrad den Hügel hoch. Dann führte der Weg wieder fast dreihundert Meter steil runter, bis ich zur Rezeption kam. Ein Trost war der sehr schöne Bungalow, den ich gleich für zwei Tage buchte. Da der Platz ganz nahe am Meer liegt, hatte ich eine wunderbare Sicht weit über das Wasser. Das beruhigte die Seele nach all den vielen Buschstrecken, die ich durchfahren hatte.

Der Flinders Highway, auf dem ich in den letzten Tagen gefahren war, war bis dato die schönste Strecke, die ich kennengelernt hatte, mit sehr geringem Verkehrsaufkommen. Die Roadtrains konnte man an einer Hand abzählen. Diese Gegend war eine reine Landwirtschaftszone. Zurzeit blühte der Raps und es duftete fantastisch. Einige der goldgelben Felder waren länger als einen Kilometer. Ich beschloss, zwei Nächte in Port Lincoln zu bleiben.

31.8.

Den Gegenwind im Gesicht kämpfte ich mich dreiundfünfzig Kilometer voran. Immer wieder trieb mich der Wind in die Enge. Schliesslich kam ich am Caravanpark in Tumby Bay an. Ein ganz gemütlicher Bungalow war für diese Nacht mein Zuhause.

1.9.

Was für ein besonderer Tag! Ursprünglich wollte ich zwei Tage in Tumby Bay bleiben, aber eine innere Stimme veranlasste mich weiterzuziehen. Doch nach nur sechs Kilometern waren die Böen so stark, dass ich mein Velo schieben musste. Schon bald hielt ein älterer Fahrer mit Pickup an und meinte: „Ja, so kommst du nirgends hin, denn die nächste Unterkunft ist in Port Neill und das sind noch dreissig Kilometer. Ich nehme dich bis fünf Kilometer davor mit, denn ich habe einen Bauernhof auf der linken Seite vor

Port Neill." Im Nu verstauten wir alles auf der Ladefläche seines Pickups.

Dann wollte er wissen, woher ich komme, und als er hörte, dass ich Schweizerin bin, wollte er wissen, ob ich Deutsch spreche. Als ich das bejahte, zog er sein Handy heraus und telefonierte mit seinem Sohn Rob, der mit seiner Freundin, die aus Deutschland ist, ebenfalls auf dem Bauernhof lebt. Er meinte dann zu mir, die hätte bestimmt Freude, wieder einmal Deutsch zu hören. So landeten wir schon bald auf dem schönen Gehöft und ich wurde von seinem Sohn und dessen Freundin Jenna herzlich empfangen. Sie zeigten mir den ganzen Hof. Am Schluss fuhren wir noch einen Kilometer weit in den Outback, um seine Kuh- und Schafherden zu besichtigen, denen er zugleich auch Heu brachte. Danach wurde ich zum Lunch eingeladen und erst gegen Abend brachte mich Jenna dann zum Campingplatz in Port Neill.

Nachdem ich mich einigermassen eingerichtet und mein Nachtessen hinter mir hatte, machte ich noch einen Spaziergang durch das winzige Dorf zum Meer. Plötzlich tauchte Jenna auf und wollte mich zum Dinner einladen. Als ich ihr erklärte, dass ich schon gegessen hatte, meinte sie: „Ja, dann komm doch noch einmal mit auf den Hof, dann können wir noch etwas quatschen."

Ihr Freund kochte dann gegen acht noch ein einfaches Nachtessen, und da ich schon wieder Hunger verspürte, ass ich gleich nochmals. Da ich sowieso fünf Kilo verloren hatte, konnte ich es mir erlauben mehr zu essen. Rob war ein Weinkenner und mischte immer wieder verschiedene Sorten, die er dann einige Monate reifen liess. Daraus entstand ein ganz spezieller Wein, der so lecker wie Malaga ist. Den kenne ich aus meiner Jugend, denn meine Mutter trank jeden Tag ein winziges Glas davon. Zum Abschied schenkte er mir eine kleine Flasche von diesem Dessertwein.

Die beiden arbeiten noch auswärts, denn Enkel und Grossvater betreiben den Hof, den dann der Sohn in einigen Jahren, wenn sein Vater genug von der Arbeit hatte, übernehmen würde. Jenna schob noch viele Lebensmittel und eine Schachtel Eier von ihren eigenen Hühnern in eine Tüte und gab sie mir. Mir kamen fast die Tränen wegen all der Grosszügigkeit.

Spät am Abend brachten sie mich wieder zurück auf den Campingplatz. Rob kann stolz sein, so eine tolle, fleissige Frau gefunden zu haben! Es ist erstaunlich, was sie alles selber macht, obwohl sie nebenbei noch eine Reinigungsfirma betreibt. Für mich ist es ganz toll, solche Menschen kennenzulernen, wofür ich Robs Vater sehr dankbar war.

2.9.

Nach siebenundsiebzig Kilometern war ich in Cowell, wo ich in einem gut erhaltenen viktorianischen Hotel übernachtete.

3.9.

Als ich die Putzfrau im Hotel aufforderte, mir mein Fahrrad auszuhändigen, meinte sie, sie habe keinen Schlüssel. Mit Nachdruck vermittelte ich ihr dann, dass ich das Fahrrad auch durch das Hotel ins Freie bringen könne, was sie schliesslich auch begriff. Ich musste mich sputen, denn bis Whyalla gab es auf hundertsechs Kilometern keine Übernachtungsmöglichkeiten, ausser im Wald. Leider stieg die Strasse schon von Anfang an, sodass es spät werden würde, wenn ich die ganze Strecke bis Whyalla fahren wollte. Gegen Mittag wurde das Wetter immer besser, nachdem es am Morgen nach Regen ausgesehen hatte.

Es mögen etwa achtzig Kilometer gewesen sein, die ich hinter mich gebracht hatte, als ein Arbeiter stoppte. Im Fond des Wagens waren seine Frau, ein Hund und ein Kleinkind. Seine Frau reichte mir ein Cola und ein Mineralwasser aus dem Auto. Der Mann wollte wissen, wohin ich fahre, und meinte: „Wir fahren nach Port Augusta, wenn du willst, nehmen wir dich mit." „Oh ja, gerne", gab ich zur Antwort. Im Nu war all mein Gepäck im Pickup verstaut und los ging's. Der Mann erzählte mir, dass seine Eltern auch schon viele Velotouren gemacht hätten und auch immer wieder mitgenommen worden seien und er deshalb auch immer wieder Radfahrer mitnehme. Eine schöne Geste! Ich wurde sogar bis zum Campingplatz in Port Augusta geführt, obwohl ich ihm erklärte, dass ich selbst dorthin fahren könne. Die Engel der Strasse gibt es auch in Australien! Ich blieb zwei Nächte in Port Augusta.

5.9.

Der Teufel soll den Wind holen, denn schon am Morgen rüttelte er so scheusslich an meinem Fahrrad, dass ich zwei Drittel der Strecke schieben musste. Daher beschloss ich nach nur vierundzwanzig Kilometern, in Milvington zu stoppen. Im Hotel Renewalde, einem alten Kasten, bekam ich ein schönes Zimmer für nur fünfunddreissig Dollar. In der Nacht wütete der Sturm so heftig, dass ich beschloss, bis Adelaide den Bus zu nehmen. Das war vernünftig, denn die Strasse war eng und ohne Randstreifen und der heftige Wind liess ein vernünftiges Fahren mit Rad einfach nicht zu. Zudem regnete es in Strömen.

7.9.

Im Central Backpackers in Adelaide erhielt ich ein gemütliches Viererzimmer und wollte fünf Tage bleiben. Ich hatte hier einiges zu erledigen, denn mein Rad musste in den Service und den Trailer wollte ich auch an den Mann bringen, denn ab hier brauchte ich keinen mehr. Weiters musste ich noch zum Optiker, denn ein Brillenbügel war defekt. Ausserdem wollte ich noch Ausrüstung nach Hause schicken, die ich nicht mehr brauchte. Ferner waren meine Schuhe so abgelaufen, dass ich noch in Norwood, wo ich bei meiner Ankunft meine letzte Tollwutimpfung erhalten hatte, beim Schuhmacher vorbeischauen wollte.

Da ich mit einer organisierten Tour zur Kangaroo Island fahren wollte und man sich siebenTage vorher dafür anmelden musste, verlängerte sich mein Aufenthalt um einige Tage.

15.9.

Leider war das Wetter bei der Tour zur Kangaroo Island nicht so, wie man es sich wünscht, denn schwarze Wolken zogen auf und ein eisiger Wind pfiff mir um die Ohren, als ich um Viertel nach sechs am Busbahnhof stand. Der Bus brachte uns bis zur Fähre in Cape Jervis und von dort ging es rüber nach Penneshaw. Zumindest blieb es trocken. Schön war es sowieso, denn zum ersten Mal sah ich Koalabären in der Natur. Sie sind so putzig, dass man sie

121

am liebsten kuscheln möchte. Seelöwen, die sich faul am Strand suhlten, sahen wir auch in Scharen. Die Mütter säugten ihre Jungen, die bis zu zwei Jahre lang von dieser Milch profitieren.

Zum Schluss führte uns der Leiter noch zu den Remarkable Rocks, einer gigantischen Granitformation, die das Wasser in Millionen von Jahren zu einer fantastischen Skulptur geformt hatte. Das Mittagessen liess allerdings zu wünschen übrig, denn das Fleisch war nicht richtig durchgebraten und halb kalt. Dazu gab es nur einen gemischten Salat und Wasser.

So entspannt eine organisierte Tour auch sein kann, aber hier auf dem roten Kontinent sind die Distanzen zwischen den Sehenswürdigkeiten einfach zu lang und die Zeit, die schönen Plätze zu bewundern, wird dementsprechend gekürzt.

17.9.

Auf dem Weg nach Murray Bridge gab es so viele Hügel, dass ich schon in Mount Barker stoppen musste. Auf dem dortigen Campingplatz fand ich eine erholsame Bleibe für die Nacht.

18.9.

Obwohl der Wetterbericht vor Sturm warnte, wollte ich zumindest bis Tailem Bend fahren. Das war tatsächlich die weiteste Strecke, die ich zurücklegen konnte, denn der Sturm verstärkte sich schon um zehn Uhr morgens so sehr, dass ein Weiterkommen unmöglich war. Ein Sandsturm verdunkelte die ganze Gegend, als ob es dichten Nebel gäbe. Zirka drei Kilometer vor Tailem Bend checkte ich auf dem Caravanpark neben der Tankstelle ein.

19.9.

Das schöne Wetter am Morgen versprach einen trockenen Tag. Obwohl Seiten- und Gegenwind mich immer wieder versuchten in die Enge zu treiben, schaffte ich die sechzig Kilometer bis Meningie. Im West End Hotel, einem alten viktorianischen Kasten, fand ich ein trockenes Plätzchen für fünfundsechzig Dollar.

22.9.

An diesem Tag hatte mein Sohn Martin Geburtstag. Ich radelte schon früh los. Am Morgen war es endlich windstill und die Strasse nach Kingston war fast durchwegs flach. So gegen zehn

Uhr setzte dann ein Rückenwind ein, schob mich elegant voran und ich schaffte fünfundneunzig Kilometer im Handumdrehen. Doch so gegen vierzehn Uhr verdunkelte sich der Himmel und schwere schwarze Wolken stiegen am Horizont auf.

Ich entschied mich dazu, im Busch zu übernachten, denn die restlichen fünfundvierzig Kilometer wären zu viel gewesen, vor allem wenn es stürmt und regnet. Gerade noch rechtzeitig, bevor es niederprasselte, stellte ich mein Stoffhaus auf einer kleinen Wiese, versteckt im Busch, auf. In der Nacht rüttelte dann der Sturm an meiner wackeligen Villa. In der Ferne hörte ich das Rauschen des Meeres und – so hörte es sich zumindest an – die Flut stieg.

23.9.

Am Morgen schien die Sonne schon früh in mein Zelt und dank dem starken Wind in der Nacht war mein Zelt ausnahmsweise trocken. Nur das Plastik, das als Unterlage diente, war nass vom starken Regen, der am Abend niedergegangen war.

Ich radelte bis Kingston. Leider lieferten sich Seiten- und Gegenwind mal wieder ein Duell und ich hatte die grösste Mühe einigermassen zügig voranzukommen. Daher brauchte ich für die Hälfte der üblichen Kilometer die doppelte Zeit. Im Caravanpark neben dem Meer konnte ich einen schönen Bungalow für nur dreiundfünfzig Dollar pro Nacht ergattern. Ich wollte zwei Nächte bleiben, denn am nächsten Tag sollte wieder ein so starker Wind wehen!

25.9.

In Millicent checkte ich wieder auf dem Caravanpark ein. Bei der Abzweigung nach Millicent stoppte mich ein älterer Mann und fragte mich, ob ich Hilfe brauche. Dann wollte er wissen, was für einen Akzent ich habe, er glaubte, wie viele andere vor ihm auch, dass ich aus Queensland stamme. Als er dann hörte, dass ich aus der Schweiz bin, strahlten seine Augen und er sagte: „Meine Eltern sind vor sechzig Jahren mit mir und meinen vier Geschwistern von Basel nach Australien ausgewandert, als ich gerade mal elf Jahre alt war." Daraufhin fragte ich ihn, ob er noch Deutsch könne. Er meinte ganz trocken: „Only a few words." Wir quatschten noch einige Zeit, bis sich andere Autofahrer beschwerten, weil wir im Weg waren.

Er hatte in einer Zementfabrik gearbeitet, war nun aber pensioniert und frönte nur noch dem Fischen. Es war wieder einmal schön warm und ich konnte in kurzen Hosen radeln.

26.9.

Vom Pech verfolgt radelte ich in Richtung Mount Gambier. Schon nach zehn Kilometern verdunkelte sich der Himmel und schwere Wolken zogen auf. Alsbald begann es zu regnen. Der ungemütliche Westwind trieb wieder sein Spielchen mit mir. Ich konnte kaum mein Lenkrad fest genug halten, damit es mir nicht aus den Händen sprang. Dann trieb mich plötzlich eine heftige Böe einen Abhang hinunter.

Da lag ich nun, das Rad auf mir, und ich hatte Mühe, das schwere Rad von mir herunterzuschieben. Das lange, nasse Gras gab mir kaum Halt, um den Abhang hochkraxeln zu können. Das Rad lag mit beiden Rädern nach oben und ich musste mit letzter Kraft alle Taschen abladen, um das Rad überhaupt nach oben zu bringen. Ein Autofahrer, der das beobachtet hatte, gab Gas, als er sah, dass ich den Abhang hochkam. Ich hätte schon erwartet, dass er mir wenigstens helfen würde, das Rad nach oben zu schieben.

In Mount Gambier buchte ich eine billige Bleibe und blieb zwei Nächte. Meine rechte Halsseite war ein wenig verstaucht und die nette Wirtin gab mir ein Wärmepflaster und lieh mir ein Heizkissen. Ich hoffte, dass mein Hals bis Sonntagmorgen wieder etwas besser sein würde.

28.9.

Ich fühlte mich schon um einiges besser und radelte in Richtung Nelsen. Das Wetter war so unsicher, dass ich schon am Morgen meine Regensachen anzog. Beim Roadhouse mietete ich eine Hütte zu einem überhöhten Preis.

29.9.

Mehr schlecht als recht kurvte ich über die Strasse, denn sie war hoffnungslos mit Löchern und Rissen bestückt und der raue Belag erschwerte ein rassiges Vorankommen sehr.

Zirka zwanzig Kilometer vor Portland stoppte ein Auto und eine Frau rief: „Hey, we like bikers!" Gemeinsam mit ihrer Freundin entstieg sie ihrem fahrbaren Untersatz und wollte alles von mir wissen. Stolz erzählten die beiden mir, dass sie von Perth bis Albany geradelt seien. Es stellte sich heraus, dass sie aus Spanien waren und hier Ferien machten. Bald danach trottete ein Koala gemütlich über die Strasse und kletterte nur einen Meter neben mir einen Baum hoch. Im Mariner Motel in Portland bekam ich ein Zimmer für neunzig Dollar. Neun Dollar erliess mir der Manager, weil ich so jammerte.

30.9.

Wieder dasselbe Spiel wie gestern. Der Gegenwind raubte mir fast die letzte Kraft. Ich kam also nur bis Warrnambool und mietete dort eine Hütte im Caravanpark. Warrnambool ist eine riesige Stadt und man fährt viele Kilometer vom einen Ende bis ans andere.

1.10.

Port Fairy war dieses Mal mein Ziel. Viele Lastwagen ratterten an mir vorbei; obwohl die Strasse schlecht und eng war, hatten sie ihren Weg auf den Princes Highway gefunden. Ein Schnabeligel rannte vor meinem Rad auf die andere Strassenseite. Der hatte auch Glück gehabt, dass da kein Laster war, denn die können nicht anhalten, um einem Tier das Leben zu retten. Im Hostel fand ich ein trockenes Plätzchen für siebenundzwanzig Dollar.

2.10.

Am Morgen radelte ich bei mässigem Wetter nach Port Campell. Ich blieb zwei Nächte in der Jugendherberge. Die militärische Leitung, die niemand wirklich ernst nahm, ärgerte mich. Das selbstgebraute Bier, das die Angestellten jedem verkauften und auf allen Tischen herumstand, stand im krassen Widerspruch zu dem Verbot, Alkohol im Hostel zu horten. Ausserdem wurde auch noch gross Reklame für die Mahlzeiten gemacht, die sie zu über-zogenen Preisen anboten. Aber die Chinesen und Japaner, die den Hauptteil der Touristen ausmachten, waren bereit, so viel zu zah-len, und trieben möglicherweise so auch die Preise in die Höhe.

125

5.10.

Glücklicherweise meinte es der Petrus gut mit mir und das sonnige, warme Wetter lockte mich schon früh aus den Federn. Dieses Mal stand die Great Ocean Road auf dem Plan. Diese Route ist spektakulär; immer wieder locken Tafeln in die Buchten, in denen wunderbare Skulpturen stehen, die die Natur in Millionen von Jahren geformt hatte, so wie die berühmten Zwölf Apostel. Die Zeit verrann und ich entschied mich, nur bis Lavers Hill zu radeln. Doch das Schicksal wollte es anders, denn ein japanischer Engel stoppte und bot mir an, mich mitzunehmen. Ich nahm gerne an, denn der Anstieg zum nächsten Pass, der vor mir lag, war sechs Kilometer lang. Als wir alle Taschen im Auto verstaut hatten, stoppten zwei junge Männer mit einem VW Bus und meinten, sie hätten mehr Platz für das Velo. Mir war es recht und im Nu verschwanden meine Taschen im Bus. Ich bedankte mich bei dem Japaner und wünschte ihm noch eine schöne Zeit in Australien.

Eigentlich wollten die beiden jungen Männer mich bis Apollo Bay mitnehmen, aber als sie mir sagten, dass es ab Lavers Hill nur noch runtergehe, entschied ich mich dazu, dort auszusteigen. Das war allerdings ein grosser Fehler, denn ich musste dann doch auf der anderen Seite mein Rad wieder viele Kilometer den Berg hochschieben.

Spät am Abend, als ich schon fast im Wald nächtigen wollte, erreichte ich Apollo Bay. Ich war heilfroh, ein trockenes Plätzchen gefunden zu haben, denn in der Nacht rüttelte der Sturm an allen Ecken und Enden und die Äste der Eukalyptusbäume brechen sehr leicht und werden von einem Sturm schnell heruntergerissen.

Kurz vor Apollo Bay humpelte ein Koala über die Strasse und liess sich ohne weiteres fotografieren. Zwei Japanerinnen, die auch gehalten hatten, jagten ihn dann ins Gebüsch, zum Leidwesen anderer Autofahrer, die ihn auch gerne vor der Linse gehabt hätten. So hatte nur ich noch das Glück, den Süssen abzulichten. Ich blieb wieder zwei Nächte in Apollo Bay, denn am nächsten Tag sollte es wieder regnen und stürmisch sein.

7.10.

Auf dem Weg nach Lorne überholten mich zwei Holländer mit ihren Rädern. Sie waren auch in Darwin gestartet, flogen aber von Perth bis Adelaide mit dem Flugzeug. Sie wollten danach nach Neuseeland und später nach Südamerika reisen. Vielleicht würde ich sie ja noch einmal treffen!

Kurze Zeit später kreuzten mich zwei junge Burschen aus Kanada, die auch auf ihren Fahrrädern unterwegs waren. Der zweite stoppte und kam auf mich zu. Als er hörte, dass ich aus der Schweiz bin, glänzten seine Augen und er sagte: „Meine Oma ist aus Basel, aber vor vielen Jahren mit ihren Eltern nach Kanada ausgewandert." Er wollte unbedingt ein Selfie von uns, und so machte ich auch ein Foto von ihm. Interessanterweise hatte er den gleichen Trailer, den ich bis Adelaide mitgeführt hatte. Er jammerte und meinte, er müsse sich jeden Tag mit ihm ärgern. Mir war es ja gleich ergangen.

8.10.

Ich kam dem Ziel Melbourne immer näher. Dank einer flachen Strecke schaffte ich es bis Torquay. Auf der Anhöhe im Städtchen verbrachte ich die Nacht in der Jugendherberge, die eher einer Alphütte ähnelte. Alles war aus Holz, fast wie im Film „Heidi". Die Hygiene liess allerdings wieder einmal sehr zu wünschen übrig. Nichts gegen Männer, aber üblicherweise sind Frauen besser beim Saubermachen.

9.10.

Ich fuhr bis Portarlington weiter. Zum Glück meldete der Wetterbericht keinen Regen. Im Caravanpark mietete ich einen hübschen Bungalow, allerdings auch zu einem hübschen Preis.

Nachdem ich mich im Visitors Center nach einem Fahrplan von der Fähre nach Melbourne erkundigt hatte, wusste ich, dass ich früh aus den Federn musste, denn die Fähre ging schon um sieben Uhr morgens und man musste schon zwanzig Minuten vorher am Pier stehen.

10.10.

So stand ich nun um sechs Uhr dreissig am Pier und wunderte mich, dass ich die Erste war. Bald kam ein Arbeiter daher und fragte mich, was ich wolle. Auf meine Antwort, dass ich auf die Fähre warte, sagte er: „Die Fähre ist vor einer halben Stunde weggefahren." „Ja aber, es ist ja erst sechs Uhr dreissig!". Er lachte und meinte: „Dann hast du noch Winterzeit!" Vor drei Tagen hatten die Australier auf Sommerzeit umgestellt. Pech gehabt! Da stand ich nun am Pier mit abgesägten Hosenbeinen und überlegte, was ich tun könnte. „Wann geht denn die nächste?", wollte ich wissen. „Um fünfzehn Uhr fünfundvierzig."

Also hatte ich viel Zeit totzuschlagen. Im nahen Supermarkt kaufte ich mir zwei Klatschhefte und setzte mich auf eine Bank gegenüber von der Post. Bald schon gesellte sich eine Frau zu mir und meinte: „Wir, mein Mann und ich, sind auch Radfahrer. Wo kommst du her und was machst du denn so früh hier in Portarlington?" So erzählte ich ihr von meinem Missgeschick und sie lud mich spontan ein, zu ihr ins nächste Dorf zu kommen. Sie hätte zum Lunch ein bekanntes Ehepaar eingeladen und ich könne gleich mitessen. Sie würde Muscheln und Teigwaren an einer Tomatensauce machen. Eine reine Delikatesse. Zum Glück hatte mich Doris, die Taiwanerin, schon viele Monate vorher auf den Geschmack gebracht. Der kurzweilige Nachmittag mit interessanten Gesprächen war viel zu schnell vorbei, und schon bald brachte sie mich wieder zurück zum Pier.

Ungeduldige Autofahrer in Tasmanien

Daher erreichte ich Melbourne nicht, wie geplant, am Morgen, sondern erst um sechs Uhr abends. Gerade rechtzeitig, um in die Stosszeit zu gelangen. Nach einigem Herumfragen erklärte mir eine junge Mutter mit Kinderwagen, dass sich nicht weit von mir das Central Youth Hostel befinde.

Vielleicht wäre es besser gewesen, ich hätte das Hostel nicht gefunden, denn es glich eher einem Gefängnis. Ahnungslos checkte ich ein und stellte mit Schrecken fest, dass die Preise astronomisch hoch waren und das Preis-Leistungsverhältnis wieder einmal überhaupt nicht passte.

Mein Einzelzimmer glich eher einer Gefängniszelle: zweieinhalb Meter lang und dreieinhalb breit. Die zwei kleinen Fenster waren so hoch oben, dass ich nur die obersten Stockwerke der Wolkenkratzer sehen konnte. Die Lady bei der Rezeption, meinte, ich dürfe das Rad nicht nach oben in den vierten Stock mitnehmen, denn sie hätten eigens dafür einen Balkon im ersten Stock, wo man das Rad deponieren müsse. Ich tat so, als hätte ich verstanden. Nach kurzer Begutachtung des Liftes stellte ich fest, dass das Rad mit all den vielen Packtaschen genug Platz hatte und so fuhr ich in den vierten Stock und direkt in meine Gefängniszelle. Dort blieb es auch die ganze Nacht. Obwohl der Platz knapp war, hatte ich doch noch die Möglichkeit, mich im Wirrwarr zwischen Taschen und Rad zu bewegen.

Am Morgen, als ich auscheckte, war das resolute Frauenzimmer zum Glück nicht da.

11.10.

Nun galt es, den Weg durch die Stadt zum Pier zu suchen, um am Abend mit der Fähre nach Tasmanien zu tuckern. Wieder dasselbe Spiel, denn die Fähre ging erst um neunzehn Uhr dreissig. Daher hatte ich genügend Zeit, um den Weg zu finden und ein Ticket zu lösen. Zum Glück musste ich mich schon um sechzehn Uhr dreissig mit den Auto- und Motorradfahrern anstellen. Petrus meinte es gut mit mir, denn es blieb den ganzen Tag trocken.

Endlich war es soweit. Auf der Fähre bestellte ich mir ein feines Nachtessen. Wie geplant lief die Fähre pünktlich aus. Bei ruhiger See tuckerte sie neuneinhalb Stunden nach Süden. Zur Halbzeit begegneten sich die beiden Fähren auf einer Distanz von zirka fünf Kilometern.

12.10.

Es war noch ganz dunkel und die Sterne standen noch am Himmel, als die Fähre um fünf Uhr dreissig in Devonport, Tasmanien, einlief. Über sieben Ecken musste ich mich durchfragen, bis ich meinen Gaskanister wieder erhielt, den sie mir abgenommen hatten, bevor ich in Melbourne das Schiff besteigen durfte. Als ich das alles hinter mir hatte, meldete sich schon wieder der Hunger. Im ersten Restaurant, gleich neben dem Pier, bestellte ich mein Frühstück. Die Enttäuschung war gross, denn ausser dem Kaffee, den ich zweimal bestellen musste, war alles kalt: kalte Spiegeleier, Tomaten und kalte weisse Bohnen. Mir wurde fast übel davon. Das nächste Mal würde ich das Restaurant weiter oben besuchen!

Ich entschied mich dazu, das schöne Wetter zu nutzen und von Devonport bis Penguin zu radeln. Dort sollte es am Abend nur so von kleinen Pinguinen wimmeln, die vom Meer bis zu meiner Hütte kommen sollen, weil sie dort ein Nest haben. Ich war gespannt, ob diese Parade auch an diesem Abend stattfinden würde. Um neun Uhr abends hörte ich, wie jemand über die grossen Steine schlurfte, dann ein Quietschen und ich wusste: Jetzt ist die Mama da.

Vorsichtig schlich ich zum Nest und sah, dass da jemand drin sass. In Nu rutschte die Mutter weg und das Schauspiel war zu Ende. Eine Stunde später hörte ich, wie die Pinguinmutter wieder mit ihren Kleinen kommunizierte.

13.10.

Nach dreiunddreissig Kilometern erreichte ich Wynyard, einen schmucken Fleck direkt am Meer. Hier sollte es bis zu siebzig Pinguine geben. Ich buchte für den Abend einen Führer, der mich mit seinem Auto in eine drei Kilometer entfernte Bucht brachte. Dort sassen wir am Ufer auf einer Bank und warteten im Mondschein auf das Spektakel, das so gegen acht Uhr beginnen sollte. Der Guide erklärte mir, dass die Pinguine das Licht meiden und es sein könne, dass im Vollmond nicht so viele zu sehen seien. Mit einer Rotlichtlampe beleuchtete er das Ufer und wir konnten beobachten, wie die Pinguine aus dem Wasser stiegen und zu ihren Nestern liefen. Weil sie nur sehr kurze Beine haben, mussten sie immer wieder eine Pause einlegen. Das erweckte die Neugierde einer Wildkatze, die sich immer wieder an die kleinen Tierchen anschlich. Schnell wichen die Pinguine aus, aber die Katze folgte ihnen immer wieder. Keiner wusste, ob sie nur Lust am Spielen hatte oder ob sie bei einer guten Gelegenheit auch einmal zugeschnappt hätte.

14.10.

Schon früh am Morgen verliess ich den Campingplatz in Wynyard, um nach Waratah weiterzufahren. Als ich so mein Rad den Hügel hochschob, hupte es plötzlich hinter mir und ein alter Mann mit weissem Bart stieg aus seinem Auto. Ob ich mitkommen wolle, es seien noch sechs Kilometer zu schieben, er habe mich am Vortag schon gesehen. Ich nahm seine Einladung an und zu dritt – seine Frau half auch mit – verstauten wir meine vielen Taschen im Auto. Er nahm mich bis Yolla mit. Im nahen Café lud ich die beiden auf einen Kaffee ein. Sie erzählten mir, dass sie in Europa schon viele Radtouren gemacht hätten. Nachdem wir unsere Adressen ausgetauscht hatten, verabschiedete ich mich von den beiden und zog weiter.

Doch die vielen steilen Hügel beanspruchten viel Zeit. Es wurde spät und ich entschloss mich, im Wald zu übernachten. Im Nu fand ich ein sicheres Plätzchen unter zwei riesigen Tannen. Der Waldboden war mit einer fünf Zentimeter dicken Schicht aus Tannennadeln bedeckt und bildete eine perfekte Matratze für diese Nacht.

15.10.

Nach einem ausgiebigen Schlaf, der nur von Tierlauten gestört wurde, verliess ich meine Notunterkunft erst gegen neun. Von dichtem, nassem Nebel begleitet erreichte ich am frühen Nachmittag das Dorf Waratah, wo ich im Hotel Bischoff, der einzigen Übernachtungsmöglichkeit im Ort, für zwei Nächte eincheckte.

Leider war mein Fahrrad samt Gepäck vor dem Hotel auf den Boden gefallen und nun war mein Hinterrad blockiert. Nur wenn ich die Bremse löste, konnte ich das Rad schieben. Vorne war vor einigen Tagen die Lampe abgebrochen und in diesem Kaff gab es natürlich keinen Veloladen.

Nachdem ich mich im Roadhouse erkundigt hatte, wurde mir klar, dass ich bis nach Hobart fahren musste, um mein Velo reparieren zu lassen. Daher beschloss ich, den Bus zu nehmen, um nicht noch einen Unfall zu riskieren. Hier gibt es viel Wald und die Strasse ist überall mit einem feinen Moosteppich überzogen, sodass es zu gefährlich ist, mit nur einer Bremse zu fahren. Ich wollte also am nächsten Tag nach Queenstown fahren, denn der Bus nach Hobart ging erst am Freitag.

17.10.

Pünktlich um acht fuhr der Bus los. Als ich die vielen Hügel auf dem Weg nach Queenstown sah, war ich heilfroh, mich für den Bus entschieden zu haben. In Tasmanien ist alles so klein und nah beieinander wie bei uns in der Schweiz. Die Dörfer stehen alle in einer Waldlichtung und sind von felsigen Hügeln schmuck umgeben. Überall sieht man die Spuren des Eisenerzabbaus, der zum Teil jetzt noch betrieben wird.

Ich musste in Queensland übernachten, denn der Bus nach Hobart ging erst am Freitagmorgen. Das Empire Hotel war ganz angenehm und kostet mich inklusive Frühstück nur sechzig Dollar.

18.10.

Um den Tag totzuschlagen, kaufte ich mir wieder Hefte im Roadhouse und ass einen ausgiebigen Lunch. Um sechzehn Uhr fuhr der Bus endlich an und die Fahrt ging los. Bis zur Derwent Bridge waren es sechsundachtzig Kilometer über einen grossen Pass. Die Aussicht war traumhaft!

Es gab viele Hügel, die man von unten nur als Wald wahrnahm. Diese Gegend ist im Winter auch mit einer weissen Decke überzogen. Die Westseite von Tasmanien ist mit viel Busch und hohen Bäumen bestückt, und weil es dreihundert Tage im Jahr regnet, bezeichnet man diese Vegetation als Regenwald. Alles ist mit einem grünen Moosteppich überzogen, selbst die Rasenflächen vor den kleinen Häuschen, die alle aus Holz gebaut sind und aus der Kolonialzeit stammen. Dieses satte Grün verleiht der Gegend

132

einen ganz besonderen Touch. Hier wachsen wie in Neuseeland wunderbare Farne und die Stämme sind so gross, dass sie problemlos als Nutzholz verwendet werden können. Ich konnte nicht genug Fotos schiessen, so traumhaft war die Gegend hier oben!

Nach einer halben Stunde trafen wir in Derwent Bridge ein. Von dort aus musste ich in einen anderen Bus umsteigen, der aber erst dreissig Minuten später ging. Ich nutzte die Zeit und genoss im Restaurant einen feinen Cappuccino. Der Fahrer gesellte sich zu mir und wollte vieles wissen. Danach meinte er: „Wenn du diese Reise mit deinem Rad machen kannst, habe ich ja nach meiner Pensionierung auch noch Zeit, auf dem Velo diese Strapazen auf mich zu nehmen."

Ab hier rumpelte ein anderer Fahrer mit mir und einer weiteren Passagierin nach Hobart runter. Auf dem Plateau ist es viele Kilometer lang ganz flach und überall unterbrechen Bauernhöfe die Weiten der Landschaft. Viele Kühe und Schafe weiden auf den kleinen Hügeln und helfen so den Bauern, das Gras zwischen den Steinen in Schach zu halten. Tasmanien unterscheidet sich sehr vom restlichen Australien, wo alles um einige Nummern grösser ist als hier. Man sieht kleine, farbige Häuser, die an Norwegen, und grosse Waldgebiete, die wiederum eher an Schweden und Finnland erinnern. Die vielen sanften Hügel sehen aus wie in der kleinen Schweiz oder auch in Schottland und Irland. Kurz gesagt: eine Mischung aus verschiedenen Teilen Europas. Von Australien blieben meiner Meinung nach nur noch die Gesetze.

19.10.

Bis Montag hatte ich in Hobart ein Zimmer im Central Hostel gebucht, denn mein Fahrrad musste nun zum Doktor. Auf Anraten des Hostelmanagers suchte ich den Velohändler auf, der angeblich der beste in der Stadt ist. Als ich dann das Geschäft betrat, schaute mich der Chef mit skeptischem Blick an und meinte: „Dieses Fahrrad ist aus Europa und wir hier haben keine Ahnung von diesen Marken." Die Mechaniker seien erst am Montag wieder hier und ich könne das Velo hier lassen, aber ob sie es flicken können, stehe in den Sternen. So wusste ich, dass ich mich noch einen Tag länger in Hobart aufhalten musste, und hoffte auf die Mechaniker.

Da am Samstag ein grosser Wochenmarkt stattfand, begab ich mich dorthin, um mich umzusehen. Dieser Markt nennt sich Salamanca-Markt und erinnerte mich sehr an Spanien. Salamanca ist bekanntlich die älteste Universitätsstadt Europas und liegt in der Mitte von Spanien.

Am Sonntag lud ich meine Zimmerkollegin ein, mit mir mit dem öffentlichen Bus nach Richmond zu fahren. Das niedliche Dorf mit vielen kleinen Holzhäusern aus der Kolonialzeit liegt fünfundzwanzig Kilometer von Hobart entfernt und ist voll mit schönen Gärten und vielen Souvenirläden. Wir bummelten durch den Ort und im Nu schwanden die Stunden dahin. Die Chinesen und Japaner werden mit riesigen Bussen hierher gekarrt, schiessen Fotos von sich in allen möglichen Posen, kaufen wie die Wilden und treiben so die Preise ins Unermessliche.

Als ich am Montagnachmittag wieder im Veloladen aufkreuzte, lachte mich der Geschäftsführer an und meinte, ich hätte Glück gehabt, denn mein fahrbarer Untersatz sei wieder geflickt.

Ein kleiner, unauffälliger Mann gab mir mein Velo und wollte wissen, woher ich komme. Er sei aus Genf und arbeite hier seit vierzehn Jahren. Er freute sich mich kennenzulernen und meinte, es sei eine Kleinigkeit gewesen, mein Rad wieder in Ordnung zu bringen. Sein Chef sei technisch eher eine Niete und verstehe sich eher darauf, Fahrräder und Ersatzteile zu verkaufen.

22.10.

Langsam füllten sich die Regale mit Weihnachtsdekoration. Nikoläuse in allen Grössen und Varianten zierten schon die Schaufenster und animierten die Kauflustigen.

Bei schönem Wetter verliess ich das Hostel und radelte bis Sorell. Sorell ist ein liebliches kleines Städtchen, das auf der einen Seite vom Meer und auf der anderen Seite von mit Bäumen bepflanzten Dünen begrenzt ist. Die sanften Hügel muten an, als habe der Baumbestand ein dickes Wolltuch um sie gelegt. Ein Ort, in dem ich leben könnte! Ich fand in einem Bed and Breakfast in einem zweihundertjährigen Haus eine Bleibe. Betrieben wurde die Frühstückspension von einer englischen Lady: steif und sauber, so wie ich es aus London kenne. Die Preise entsprachen der Schönheit des Ortes. Am nächsten Tag wollte ich dann die zweiundfünfzig Kilometer nach Orford radeln und hoffte darauf, dass es nicht allzu viele Hügel zu überqueren gäbe.

23.10.
Leider sind die Tassis nicht so entgegenkommend wie die Aussies, denn ihr Fahrstil ist viel aggressiver. Vielleicht liegt das daran, dass die Strassen enger und schlechter sind als auf dem roten Kontinent. Vielleicht auch daran, dass die Temperaturen hier niedriger sind und die Menschen weniger träge. Ständig wurde gehupt und wurden mir aus den Fenstern Schimpfwörter zugerufen; oft zeigten sie mir auch den Vogel. Ich versuchte die Fahrer zu ignorieren und radelte einfach weiter. Die vielen kleinen Orte am Meer wirkten ruhig und friedlich, daher wunderte mich die Aggressivität der Autofahrer umso mehr.

25.10.
Nachdem ich viele Stunden lang mein Rad den Berg hochgeschoben hatte, wurde ich mit einer wunderbaren Aussicht belohnt. Der Himmel spiegelte sich im tiefblauen Wasser. Traumhafte Strände säumten das Meer und mittendrin lag das Städtchen Swansea, in dem ich zwei Nächte bleiben wollte. Der Betreiber des Hostels war aus der Westschweiz. Ein lieber, freundlicher Mann, aber leider auch ein Messie und dementsprechend sahen auch sein Büro und das Hostel aus.

26.10.
Ich musste nochmals eine Nacht anhängen, denn das Wetter war so garstig, dass ein Weiterkommen mit dem Velo unmöglich war. Am Nachmittag regnete es wie aus Kübeln und im Nu waren alle Schlaglöcher voller Wasser.

27.10.
Strahlender Sonnenschein begrüsste mich morgens um sieben. Das Unwetter hatte sich verzogen und der Weiterreise stand nun nichts mehr im Wege. Als ich nach Bicheno radelte, überkam mich plötz-

lich ein entsetzliches Unwohlsein. Bauchschmerzen und ein Druck auf den Magen schwächten mich so sehr, dass ich mein Fahrrad an den Strassenrand stellen musste, mich daneben hinsetzte und der Dinge harrte, die da kommen würden. Ich wusste nicht, ob es unten oder oben rauskommen würde. Meine Mutter hatte mir immer geraten, in einer solchen Situation tief ein- und auszuatmen. Nach geraumer Zeit liess der Druck nach und die Situation besserte sich so, dass ich wieder aufs Rad steigen konnte. Schon bald stieg die Strasse an und ich fühlte, dass ich fast keine Kraft hatte, um das Rad hochzuschieben, denn ich wurde immer wieder noch von Schmerzattacken heimgesucht.

Zwölf Kilometer vor Bicheno stand am Strassenrand ein Café, wo ich mir einen feinen Cappuccino gönnte. Der Wirt überhäufte mich mit Vorschlägen, was ich mir alles in der Gegend ansehen sollte. Mehr schlecht als recht hörte ich ihm zu und nickte nur. Ich wollte nur so schnell wie möglich einen Platz zum Bleiben finden und mich hinlegen. Als ich mich nach einer halben Stunde aufmachte, hatte er doch die Frechheit, mich zu fragen, ob ich mich jetzt entschieden habe, was ich ansehen wolle. Ich meinte nur so nebenbei: „No, not yet!"

Kurz danach hielt ein Tourist aus Australien an und bot mir an, mich die letzten sechs Kilometer bis Bicheno mitzunehmen. Ich nahm dankbar an, mir war einfach immer noch mulmig zumute. In Bicheno checkte ich im Backpackers ein, zur Sicherheit nahm ich ein Einzelzimmer.

28.10.

Auf einer sehr schönen, flachen Strasse ging meine Reise weiter. Warmer, fast heisser Wind blies mir ins Gesicht. Immer wieder musste ich anhalten und Fotos schiessen, denn die Gegend hier war einmalig. Die vielen, in allen Farben blühenden Blumen, das tiefblaue Meer und die Felsformationen zwangen mich immer wieder stehenzubleiben. Endlich, nach siebenundfünfzig Kilometern erreichte ich das schmucke Städtchen Scamander, wenn man es Städtchen nennen kann. In Scamander checkte ich in einem winzig kleinen Motel mit nur drei Zimmern mit je vier Betten ein.

Eine zirka fünfzigjährige Frau und ihr Vater betrieben es gemeinsam.

Ich kam gerade vom Einkaufen zurück, als ihr Vater mich aufhielt, um mit mir eine Spritzfahrt zu machen. Eigentlich war ich viel zu müde, aber weil ich am nächsten Tag weiterradeln wollte, willigte ich ein. Der Mann wollte mir all die schönen Spots rund um Scamander zeigen, und das waren nicht wenige, denn diese Spritztour erstreckte sich über sechzig Kilometer. Ich war völlig begeistert von all diesen schönen Buchten mit grünblauem Wasser, das so sauber war, dass man sich darin spiegeln konnte. Das waren Orte, an die ich mit dem Fahrrad gar nicht hätte hinkommen können. Nach zwei Stunden erreichten wir wieder das Motel, bereichert von vielen schönen Eindrücken. Was die Erde so alles an Schönheiten bietet, ist umwerfend! Mit einem Händedruck und einem herzlichen Dankeschön verabschiedete ich mich an diesem Abend vom Motelbesitzer.

29.10.

Am Morgen stand der Chef schon wieder vor meiner Tür, als ich mein Fahrrad belud. Er wollte mir noch letzte Anweisungen geben, wie ich am besten nach St. Helens komme. Ich solle nach Möglichkeit auf dem Fussweg fahren, denn die Autofahrer mögen keine Radfahrer auf der Strasse. „Ja, das habe ich bereits gemerkt, denn so wie mir hier immer wieder Schimpfwörter nachgerufen werden, habe ich es auf den ganzen siebentausend Kilometern in Australien nie erlebt."

Also radelte ich brav vor mich hin, als plötzlich hinter mir gehupt wurde. Zuerst dachte ich mir, ja, hup du nur, ich bin so weit links wie möglich, ich kann nicht weiter ausweichen. Dann hörte ich wieder das Hupen. Nun schaute ich zurück und sah, dass es der Motelbesitzer vom Vortag war. Er meinte, ich sei ja schon weit gefahren. Ich fragte ihn, ob ich etwas vergessen habe. Nein, erwiderte er, er müsse sowieso nach St. Helens und würde mir mein Gepäck dorthin befördern, wenn ich wolle. Ich lehnte ab, denn ich hatte nur noch acht Kilometer vor mir. Ich glaube, er war ein wenig enttäuscht, denn es dauerte lange, bis er mich schliesslich überholte.

Im Hotel Bayside fand ich eine schöne Bleibe. Die Managerin wollte anfangs hundertdreissig Dollar für eine Nacht, aber als ich dann zu jammern anfing, ging sie auf hundert Dollar runter. Ich nahm das Zimmer dann auch gleich für zwei Nächte, denn ich musste ja den Bus nach Launceston buchen, und da muss man immer einen Tag vorher reservieren, damit man einen Platz für Fahrrad und Gepäck bekommt.

31.10.

Pünktlich um acht Uhr in der Früh fuhr der Bus ein. Die wenigen Gäste, die einstiegen, liessen erahnen, dass es genug Platz für mein Gepäck geben würde.

Der Motelbesitzer in Scamander hatte mir geraten, den Bus nach Launceston zu nehmen, da die Strasse sehr steil, eng und kurvenreich sei. Da ich die Autofahrer nicht schon wieder herausfordern wollte, glaubte ich ihm auch. Leider wurde ich dann aber eines Besseren belehrt, denn ab St. Marys, und bis dahin waren es nur sechzehn Kilometer, fuhren wir auf einer wunderbaren flachen, fast hundert Kilometer langen Strasse bis Launceston. Ich ärgerte mich masslos und sprach mit dem Busfahrer über meine Fehlentscheidung. Er meinte, vielleicht hätte der Besitzer geglaubt, ich führe über Darby und diese Strasse sei sehr steil. Wieder einmal mehr hatte ich gelernt, eine zweite Meinung einzuholen!

Launceston ist eine wunderschöne Stadt mit vielen alten Sandsteinhäusern aus der Kolonialzeit. Die Gebäude sind sauber renoviert und überall gibt es gepflegte Gärten mit einer grossartigen Blumenpracht.

1.11.

Halloween. Auch in Tasmanien lebt man diesen Brauch.

Auf einer sehr schönen Strasse erreichte ich schliesslich das Provinzstädtchen Deloraine, eine kleine, liebliche Stadt, in der gerade ein Markt mit vielen Handarbeiten stattfand. In einem alten Kolonialhotel mietete ich ein billiges Zimmer um fünfzig Dollar. Ich musste drei Nächte bleiben, denn für die nächsten Tage war schon wieder Regen vorhergesagt.

4.11.

Der Himmel hatte ausgeregnet und hätte nicht strahlender sein können.

Mit viel Elan stieg ich aufs Rad. Mein Ziel war Devonport. Gegen Mittag verdunkelte sich allerdings der Himmel und schwere Wolken zogen auf. In Devonport versicherte mir die Frau am Ticketschalter, dass die Fähre in der Sommerzeit erst um zweiundzwanzig Uhr dreissig auslaufe, um einundzwanzig Uhr müsse ich am Pier sein. Ich deckte mich wieder mit Lesestoff ein und blieb im Wartesaal. Kaum hatte ich meinen Platz auf dem Schiff gefunden, begab ich mich in den Speisesaal und leistete mir ein feines Nachtessen. Für achtundzwanzig Dollar konnte man so viel, wie man wollte, essen. Zeit dazu war ohnehin genug, denn die Fähre brauchte neuneinhalb Stunden, um über den Teich zu tuckern.

Entlang der Ostküste nach Norden bis zum Daintree-Regenwald

5.11.

Um acht Uhr erreichten wir Melbourne. Wegen des schönen Wetters meldete ich mich nicht bei Nancys Bruder – Nancy hatte ich im Backpackers in Hobart kennengelernt – sondern beschloss, gleich weiterzufahren. Nach langem Suchen fand ich den Weg aus dieser grossen Stadt und suchte mir in einem Vorort ein billiges Motel. Ich war sehr müde, hatte ich doch die ganze Nacht nicht schlafen können. Eine Kabine wollte ich auf der Fähre nicht bezahlen und die Sessel waren nicht bequem genug, um auf ihnen schlafen zu können. Kaum hatte ich eingecheckt, schüttete es wie aus Kübeln. Ich musste zwei Nächte im Motel bleiben, denn für den nächsten Tag war wieder einmal schlechtes Wetter vorhergesagt.

Im hohen Norden hatte ich mich nach etwas Regen und Abkühlung gesehnt und jetzt war es umgekehrt. Am liebsten wären mir Regen in der Nacht und Sonnenschein am Tag!

6.11.

Ich schaffte nur sechsunddreissig Kilometer; es ist immer dasselbe, wenn man aus einer so grossen Stadt herauskommen will. Die vielen roten Ampeln, an denen man immer eine Ewigkeit warten muss, und das ewige Auf- und Absteigen brauchen viel Kraft und Zeit. Zum Glück konnte ich sehr lange auf Radwegen oder Servicestrassen parallel zum Princes Highway fahren, was meine Nerven etwas schonte.

Ich übernachtete in Cranbourne. Nirgends zuvor ging es so anonym zu wie hier. An der Rezeption hing ein Zettel: „Please call me and dial this number!" „Hello, I wish to stay here for one night." „Your name and address please! Your credit card number and the expiry date and the last number as well. Your number is incorrect." „Ok, but I always pay with this card and it always is ok."

Beim zweiten Versuch klappte es dann allerdings. Nun schickte sie mich zum Zimmer Nummer neun, die Türe sei offen und der Schlüssel liege auf dem Tisch. Das WiFi war sogar gratis, was mich sehr erstaunte. Für den Betrag, den sie mir abnahmen, hätte ich in Melbourne mit mehr Komfort zwei Nächte bleiben können. Es fehlte an vielem, nicht einmal ein Lavabo war vorhanden. Man musste sich die Zähne an der Spüle putzen, was ich auf allen meinen Reisen nicht einmal im billigsten Unterschlupf erlebt hatte.

7.11.

Der Himmel war mit schweren Wolken bedeckt, aber dazwischen fand ich immer wieder ein kleines Fleckchen Blau und daher entschied ich mich weiterzufahren. Bis um zehn Uhr hatte sich das Wetter zunehmend gebessert und ich wollte Leongatha erreichen. Leider setzte um zwölf Uhr ein entsetzlicher Sturm ein und liess es nicht zu, dass ich mein Ziel erreichen konnte. Ich fand dann in Korumburra, vierzehn Kilometer vor Leongatha, ein nettes Motel. Vorher hatte ich allerdings im Caravanpark, der nach einigen Steigungen zu erreichen war, nachgefragt; zu meiner Enttäuschung waren aber alle Hütten ausgebucht. Mein Zelt in seinem nassen Zustand aufzustellen kam für mich nicht in Frage. Die hilfsbreite Frau am Empfang hatte Erbarmen mit mir und bot mir an, im einzigen Motel am Rande des Städtchens nachzufragen, ob dort noch ein Zimmer frei sei.

Glücklicherweise hatten sie eines. Völlig durchnässt erreichte ich nach einer geraumen Zeit die Unterkunft. In der Nacht tobte dann ein schrecklicher Sturm und rüttelte an allen Ecken und Enden. Ich war heilfroh, in einem trockenen Zimmer zu schlafen und alle meine nassen Sachen an der Heizung trocknen zu können.

8.11.

Leider war das Wetter am Morgen so garstig, dass ich nochmals eine Nacht anhängen musste. Sobald sich das Wetter etwas besserte, ging ich zum Supermarkt, denn alle meine Lebensmittel waren aufgebraucht. Weiters brauchte ich noch Briefmarken für die Schweiz, denn ich musste die Weihnachtspost früh aufgeben, wenn sie rechtzeitig eintreffen sollte.

Ausserdem brachte ich zwei Pakete auf die Post, eines mit Wintersachen, das ich zu Kenneth schickte. Er wohnte in Townsville und von dort würde ich auch nach Südamerika fliegen. Das andere ging zu meinem Sohn mit Dingen, die ich nicht mehr brauchte.

9.11.

Am Morgen war der Himmel fast ganz blau und ich hoffte, trockenen Fusses die vierzehn Kilometer bis Leongatha fahren zu können. Aber schon nach acht Kilometern regnete es in Strömen und ich erreichte das Motel, das ich vorsichtshalber am Vorabend gebucht hatte, tropfnass. Schon wieder musste ich verlängern, weil ich einfach nicht in einem schlimmen Sturm fahren wollte. Mir schien, als ob ich fast nicht mehr vom Fleck kommen würde, und freute mich darauf, bald wieder in der Wärme und ohne diesen dauernden Regen zu radeln.

11.11.

In Deutschland begann der Fasching. Mein morgendlicher Elan war enorm, denn es gab kein Wölklein weit und breit.

141

Daher entschied ich mich weiterzufahren und radelte zweiundneunzig Kilometer bis Yarram. Davon waren sechsundsechzig Kilometer auf einem wunderbaren Radweg, der aus einer alten Bahntrasse gemacht worden war. Die restlichen achtundzwanzig Kilometer musste ich dann auf dem Highway zurücklegen, der allerdings sehr schwach befahren und ganz flach war.

Auf halbem Weg begegnete ich einer alten Frau, die mit einem Dreiradvelo am Wegrand sass. Sie erzählte, dass sie an schönen Tagen immer wieder hier anzutreffen sei, da sie Bilder von dieser schönen Gegend male. Ich plauderte ein wenig mit ihr. So kleine Abwechslungen, bei denen ich immer das Gespräch suche, tun der Seele gut und bereichern den Veloalltag. Nach diesen kurzen Unterbrechungen fahre ich immer wieder mit neuem Elan weiter, als hätte ich frisch aufgetankt.

Auf diesem so wunderschönen Radweg traf ich einen Schnabeligel und unzählige Feldhasen an, die oft mitten auf der Fahrbahn sassen und erst im letzten Moment im Dickicht verschwanden.

Ein älterer Autofahrer folgte mir auf dem Radweg und bot mir an, mich nach Yarram zu bringen. Ich winkte freundlich ab. Erstens wegen des schönen Wetters, zweitens wegen des tollen Radwegs und drittens ist immer etwas faul, wenn man auf dem Radweg verfolgt wird.

12.11.

Als ich so dahinradelte, kam mir ein schwer bepackter Radfahrer entgegen und winkte mir zu. Scott, ein einundfünfzigjähriger Amerikaner, stieg vom Rad und wollte alles Mögliche von mir wissen. Er war schon eineinhalb Jahre unterwegs und wollte innerhalb der nächsten drei Jahre die Welt umrunden. Scott wollte unbedingt ein Foto von mir und ich natürlich auch von ihm. So ganz nebenbei meinte er: „Endlich wieder einmal eine Gleichgesinnte!"

Die Radfahrer sind rar, und wenn man mal einen trifft, fährt er bestimmt in die entgegengesetzte Richtung. Scott wollte unbedingt, dass ich ihn auf Facebook hinzufüge, was ich ihm auch versprach. 2023, wenn er wieder zu Hause sein würde, wollte er ein

Buch schreiben, auf das ich schon neugierig war. Die Nacht verbrachte ich auf dem Campingplatz in Bairnsdale.

14.11.

Fast wehmütig verliess ich am Morgen das niedliche Häuschen auf dem Campingplatz, aber das schöne Wetter lockte mich. Ich hatte lange genug im Regen fahren müssen. Mein Ziel Orbost konnte ich erst am nächsten Tag erreichen, denn die vielen Steigungen und die raue Oberfläche der Strasse liessen mich nur langsam vorankommen. Übermüdet erreichte ich Nowa Nowa, ein kleines Dorf, das wenig Abwechslung bot. Im einzigen Motel checkte ich für nur zweiundfünfzig Dollar ein, allerdings entsprach die Hygiene dem günstigen Preis. Das Zimmer war aber einigermassen akzeptabel. Kurz bevor ich Nowa Nowa erreicht hatte, sauste ein Fernradfahrer den Berg hinunter, winkte mir mit seiner rechten Hand zu, blieb aber nicht stehen. Ich hätte auch so reagiert, hätte ich sein Tempo gehabt.

Auf halber Fahrt gab es dann endlich wieder ein Highlight. Nach einer langen Steigung, auf der ich mein Rad schieben musste, wurde ich dann mit einer wunderbaren Aussicht auf das im Tal liegende Städtchen Lake Entrance belohnt. Vom Aussichtspunkt aus liess ich meinen Blick weit über das tiefblaue Meer schweifen, in das sich der Fluss ergiesst.

Mein Ziel, noch am gleichen Tag den Cann River zu erreichen, zerschlug sich im Wind, denn die vielen Steigungen liessen mich sehr ermüden. Manonina, in einer Talsohle ganz im Wald eingebettet, kam mir gerade recht, denn in dem sehr hübschen Motel im Ort verbrachte ich die Nacht. Sehr gepflegt und einladend stand das Motel am Strassenrand.

Am nächsten Tag wollte ich aber wirklich den Cann River erreichen, das war zumindest mein Plan. Am Weg traf ich einen tschechischen Radfahrer, leider war sein Englisch so schlecht, dass ich kaum mit ihm sprechen konnte. Nach einem kurzen Gespräch trennten wir uns wieder.

Als ich so dahinfuhr, stoppte ein älterer Autofahrer und lud mich ein, mit ihm mitzufahren. Wir waren in etwa gleich alt. Erstens

143

fahre er nach Sydney und zweitens habe er Platz und ein wenig Unterhaltung würde ihm guttun. Ich wollte nur bis ins nächste Dorf, um dort auf dem Campingplatz zu nächtigen. Er willigte zuerst ein, stoppte dann aber nicht und fuhr einfach vorbei. Er meinte, was soll's, ich wolle ja sowieso nach Norden. Er wohne in Brisbane und ich könne dann bei ihm wohnen, solange ich wolle.

Nun fragte ich ihn nach seinem Familienstand und es stellte sich heraus, dass er ledig war, nie geheiratet und mit seiner Mutter gelebt hatte, die allerdings vor einem Jahr verstorben war. Ich lehnte sein Angebot, nach Brisbane mitzufahren, ab und begründete das mit meinen australischen Freunden in Sydney und damit, dass ich mein Visum in Sydney verlängern lassen müsse.

Inzwischen war es Abend geworden und wir mussten eine Unterkunft suchen. In dem kleinen Ort Moruyja fanden wir eine Bleibe. Er meinte, wenn wir uns den Preis von hundert Dollar teilen würden, koste es für jeden nur die Hälfte. Daraufhin entgegnete ich ihm, dass ich ein eigenes Zimmer brauche, was er dann auch sofort akzeptierte. So zahlte ich mein Zimmer, und als er seine Karte zückte, meinte die Frau an der Rezeption, es tue ihr leid, aber seine Karte sei nicht gültig. Als ich seine abgewetzte Karte gesehen hatte, hatte ich so etwas schon geahnt. Er fragte mich: „Kannst du für mich zahlen, ich werde es dir morgen zurückgeben."

Das geschah dann allerdings nicht. Am nächsten Morgen spielte er dasselbe Spiel. Also dachte ich, das sei ein Trick von ihm, um gratis durchs Land zu reisen. Komischerweise wurde an der Tankstelle dann plötzlich die Karte akzeptiert. Vermutlich hatte er noch eine funktionierende. Dann lud er mich gegen Abend bei meinen Freunden ab und meinte: „Gut, ich hole dich in zwei Tagen ab, dann hast du dein Visum und die Stadt gesehen.

Als er sich dann meldete, sagte meine Freundin zu ihm, dass ich eine Woche bei ihnen verbringen werde. Von da an war Funkstille, vielleicht hatte er ein anders Opfer gefunden.

Es stellte sich leider heraus, dass ich mein Visum nicht verlängern lassen konnte. Es hätte sechs bis acht Wochen gedauert und es war unsicher, ob ich die Verlängerung bekommen hätte. Daher entschied ich mich dazu, zügig weiterzufahren, und hoffte, dass ich vor der Regenzeit in Cairns eintreffen würde.

20.11.

Steve, Jenny und ich fuhren runter in die Stadt, um mit der Fähre eine Rundfahrt zu machen. Von der Fähre aus hat man eine wunderbare Sicht auf die berühmte Oper, die Skyline und die Harbour Bridge. Leider trübte wegen des nördlich der Stadt wütenden Waldbrandes der Smog die Sicht ein wenig. Müde, aber zufrieden kehrten wir am Abend wieder zurück, hatten wir doch viel gesehen.

22.11.

Um mir wieder ein wenig Muskeln anzutrainieren, organisierten meine Freunde für mich eine Radtour, die dem Meer entlang führte. Allerdings liessen der schreckliche Wind und der Smog ein gemütliches, entspanntes Fahren nicht zu und nach sechs Kilometern gab ich auf. Ich war froh, wieder im Auto zu sitzen und vom Wind geschützt zu sein.

24.11.

Gegen zehn Uhr am Vormittag wurden alle Packtaschen und das Fahrrad ins Auto geladen und es ging los in Richtung Brisbane. Jenny meinte, es sei für mich zu gefährlich auf der grossen Strasse aus der Stadt hinauszufahren. Sie habe noch eine Schwester in Newcastle. Bei ihrer Schwester und deren Ehemann verbrachten wir einen gemütlichen Abend und reisten dann am nächsten Morgen weiter. Vorsichtig versuchte ich Jenny beizubringen, dass ich ab jetzt eigentlich wieder selber fahren wolle. Mein Versuch schlug fehl, denn sie meinte: „Ich möchte ja noch meinen Schwager und seine Frau in Coffs Harbour besuchen." Also biss ich auf meine Lippen, denn ich wollte sie ja nicht enttäuschen. Die Zeit reichte nicht und so übernachteten wir hundert Kilometer weiter südlich auf einem Campingplatz in einem sehr schönen Bungalow.

25.11.

Am Nachmittag erreichten wir Coffs Harbour, nachdem wir einen Abstecher zum Gefängnis gemacht hatten, wo im ersten Weltkrieg viele Deutsche interniert waren. Wir besuchten auch die Sandy Bay, bevor wir bei Jennys Verwandten eintrafen.

Die beiden haben ein wunderbares Holzhaus, das der Mann selber gebaut hatte und von Bäumen und Büschen umgeben war. Ein Baum hatte es mir ganz besonders angetan, denn es war ein Schokoladenbaum. Die Frucht ist genauso braun wie Schokolade, fällt unreif vom Baum und sieht aus wie ein Apfel. Wenn man sie einige Tage gelagert hat, wird sie weich und der Geschmack und die Konsistenz erinnern an eine Avocado. Ich nahm zwei Kerne davon mit, glaube aber nicht, dass ich mit ihnen in der Schweiz Erfolg haben werde, denn das Klima um Coffs Harbour ist subtropisch.

In dieser idyllischen Umgebung verbrachten wir nach einem feinen Nachtessen eine angenehme und sehr ruhige Nacht. Endlich konnte ich Jenny davon überzeugen, dass sie mich in die Freiheit entlässt.

27.11.

Auf dem Highway radelte ich bis Glenford. Nach zehn Tagen wieder aufs Rad zu steigen, fühlte sich ungewohnt an. Wie schnell sich doch die Muskeln zurückziehen, viel schneller als sie sich aufbauen! Einige Steigungen musste ich schieben, was mich sehr ermüdete. Ich übernachtete auf einem Caravanpark in einer Hütte für nur fünfundfünfzig Dollar.

28.11.

Da es eigentlich regnen sollte, freute ich mich mächtig darüber, dass der Himmel mit blauen Flecken überzogen war. Ich wusste, dass ich zweiundneunzig Kilometer zurücklegen musste und startete deshalb schon morgens um sechs. Ich radelte auf einer ebenen Strasse mit allerdings starkem Verkehrsaufkommen dahin. Nach zehn Kilometern verdichtete sich der Smog so sehr, dass er mich an den Herbstnebel in Lauchetal erinnerte. Zum Glück hatte mir Denise, Jennys Schwägerin, fünf Masken geschenkt, von denen ich gleich eine vor Mund und Nase befestigte. Schon bald sah ich die ersten Flammen lodern. Eigentlich hatte der Wetterbericht gemeldet, dass alle Feuer unter Kontrolle seien, aber der Wind entfachte die Buschfeuer immer wieder von neuem. Feuerwehr und Polizeiautos rasten umher und mir kam es vor, als sässe ich in einem Ameisenhaufen.

Kurz vor Woodburn traf ich auf einen anderen Fernradfahrer. Es stellte sich heraus, dass er ein Aborigine war, aber ein Mischling, denn seine Mutter hatte eine Beziehung mit einem Weissen gehabt. Der zirka Fünfundvierzigjährige erzählte mir, dass er in Brisbane geboren sei, seine Mutter ihn nicht hatte haben wollen und er daher in einem Heim aufgewachsen sei. Domizil habe er keines, er lebe seit dreissig Jahren auf der Strasse und umrunde ständig Australien mit seinem wenigen Hab und Gut, das er auf seinem Velo mit sich führt.

29.11.

Die Luft war noch aufgeheizt von der letzten Nacht, als ich den Campingplatz verliess. Die feuchte, stickige Luft verriet mir, dass es bald regnen würde. Tapfer radelte ich meinem Ziel Lennox Head entgegen. Leider musste ich immer wieder mein Rad die Steigungen hochschieben. Zu Tausenden rasten Laster und andere Vehikel an mir vorbei. Der Himmel überzog sich gegen Mittag mit Wolken und es wurde noch schwüler. Es hatte neunundzwanzig Grad im Schatten und auf dem schwarzen Asphalt, der die Wärme reflektierte, um einiges mehr.

Leider lag der Zeltplatz am See und dadurch waren auch die Preise recht hoch. Ich entschied mich daher dazu, auf einen Bungalow zu verzichten und mein Zelt aufzustellen. So gegen neun am Abend blitzte es plötzlich von allen Seiten und in immer kürzer werdenden Abständen. Als dann auch noch heftiger Regen einsetzte, beschloss ich, das schwere Rad in den Waschraum zu stellen. Glücklicherweise tauchte eine Frau auf, die mir die Tür aufhielt, damit ich leichter durchkommen konnte. In aller Eile räumte ich mein Zelt und wartete im Waschraum, bis das Gewitter vorüber war. So hatte ich genügend Zeit, alles im Trockenen reisebereit zu verpacken.

Gegen Mitternacht legte ich mich ohne Schlafsack wieder ins Zelt, in der Hoffnung, nun schlafen zu können. Diese Hoffnung erwies sich allerdings als trügerisch, denn das schwere Gewitter kam zurück und damit auch der Regen. Der starke Wind rüttelte an meinem Zelt und ich fand bis morgens um vier keinen Schlaf. Völlig unausgeschlafen fuhr ich dann am Morgen auf dem Pacific Highway meinem Ziel Tweed Heads entgegen. Der Tag war drückend heiss, es gab nicht viele Hügel, aber lange Steigungen, die einige Getränkepausen benötigten.

Ich hätte noch achtundzwanzig Kilometer zurücklegen müssen, als ein Autofahrer stoppte und meinte, er sei auch Velofahrer und fahre seit dreissig Jahren jeden Tag bei jedem Wetter mit dem Rad zur Arbeit. Er wisse, was es heisst, über die Hügel zu fahren. „Wenn du willst, nehme ich dich bis Tweed Heads mit!" Im Nu war alles im Fond des Wagens verstaut und der Engel von Australien führte mich bis vor die Haustür der Jugendherberge, wofür ich ihm sehr dankbar war. Ich beschloss zwei Nächte zu bleiben, denn es regnete in Strömen und ich war heilfroh, ein trockenes Dach über meinem Kopf zu haben.

3.12.

Das Warten hatte sich gelohnt, denn heute Morgen gab es strahlenden Sonnenschein. So radelte ich frohen Mutes in Richtung Brisbane. In Helensvale verschärfte sich allerdings die Lage, denn ich durfte nicht mehr mit dem Fahrrad auf dem Highway fahren. Nach langem Suchen und Fragen nach einer Strasse, die ich mit dem Velo befahren konnte, landete ich auf dem Bahnhof und musste bis zum Hauptbahnhof von Brisbane mit dem Zug fahren. Bei schönem Wetter radelte ich auf dem Radweg tapfer durch die Vorstädte der nie enden wollenden Grossstadt. Redcliffe, mein ursprüngliches Ziel, konnte ich allerdings nicht erreichen und ich übernachtete fünfunddreissig Kilometer vorher in Kallangur.

4.12.

So, nun wollte ich endlich Redcliff erreichen, was mir auch gelang, allerdings zog sich die Strecke sehr in die Länge. Der Liebreiz des Tages verleitete mich dazu, die Strecke am Meer zu radeln, und so blieben mir auch die schönen Flecklein dort nicht verborgen. Nach siebenundfünfzig Kilometern landete ich in der Deceptions Bay.

148

Nicht einmal Licht gab es in Toilette und Bad am Campingplatz, dafür war der Preis so fantastisch wie die Aussicht auf das Meer.

5.12.

Heiss brannte die Sonne auf den schwarzen Asphalt, kein Wölklein zierte weit und breit den Morgenhimmel. Schon gegen neun am Morgen lief mir der Schweiss aus allen Poren. Nach fünfzig Kilometern musste ich leider aufgeben und auf dem Campingplatz in Calloundra übernachten. Ich konnte nur zwei Stunden schlafen, denn das Rauschen des Meeres mit hohem Wellengang liess einen tiefen Schlaf nicht zu.

6.12.

Entweder war ich ein wenig ausgelaugt, oder ich war ein Stück älter geworden. Plötzlich fiel es mir schwer, so früh wie vor einem Jahr aus den Federn zu steigen. Erst um sieben Uhr fünfundvierzig war ich startbereit. Mein heutiges Ziel war Nambour, laut der Wetterprognose sollten die Höchsttemperaturen siebenunddreissig Grad betragen. Die Sonne glühte vom Himmel, ich wurde immer langsamer und musste mich immer häufiger in den Schatten setzten.

Auf der Fahrt nach Woombye traf ich einen verlausten Mann auf einem Rastplatz, der den Inhalt seines Autos auf den beiden Tischen ausgebreitet hatte. Er wolle wieder einmal Ordnung machen, meinte er. Im Gespräch mit ihm erfuhr ich, dass er aus London stamme, aber schon seit sieben Jahren in Brisbane eine Unterkunft habe, die er aber nur sehr selten benutze. Er sei ein Gipsy und lebe fast die ganze Zeit irgendwo im Busch in seinem Auto. Um dem nassen und kalten Wetter auszuweichen, pendle er mit seinem vierrädrigen Untersatz auf dem ganzen Kontinent umher. Ganz gelassen meinte er, er habe trotzdem noch lange nicht alles gesehen.

Während unseres Gesprächs gesellten sich zwei Servicearbeiter dazu und meinten, er solle so schnell wie möglich verschwinden, denn sie wollten den Platz abspritzen und die Abfälle beseitigen, die andere Passanten liegen gelassen hatten. Ich verabschiedete mich von ihm und schon bald überholt er mich mit lautem Gehupe, um adieu zu sagen.

Knapp vor Woombye verliess mich der Mut und fünf Kilometer vor meinem Ziel checkte ich im Motor Inn ein.

7.12.

Voller Elan machte ich mich auf den Weg und hoffte, auf dem Bruce Highway zügig voranzukommen. Leider stand eine riesige Tafel an der Auffahrt zum Highway: „Für Radfahrer verboten". So musste ich auf eine Nebenstrasse im Hinterland ausweichen, was allerdings deutlich mühsamer war, denn es ging die ganze Zeit hügelauf und -ab. Daher schaffte ich es wegen der grossen Hitze gerade mal bis Eumundi. Der grosse Wochenmarkt, der gerade stattfand, verleitete mich dazu, hier eine Unterkunft zu suchen.

Weil ich erst um vierzehn Uhr einchecken konnte, beschloss ich, durch den Markt zu schlendern. Ein Polizist, der sich für meine Herkunft interessierte, wollte wissen, aus welchem Land ich komme. „Aus der Schweiz!" Seine Frau sei aus Benken und als junges Mädchen nach Australien ausgewandert. Eine freundliche Frau versprach mir, dass sie ein Auge auf mein Fahrrad werfe, das ich mit einem Kabelschloss an einem Eisengitter befestigt hatte.

8.12.

Bei schönem Wetter radelte ich bis Cooroy. Von dort aus wollte ich wegen der Hügel den Zug bis Gympie nehmen. Zu meiner Überraschung erfuhr ich am Bahnhof von Cooroy, dass der Zug, der um elf Uhr fünfundfünfzig hätte einfahren sollen, ausgefallen war und ein Bus die Reisenden mitnehmen sollte. Eine halbe Stunde verging und es war weit und breit kein Bus zu sehen. Ein Einheimischer, dem ich meine Geschichte erzählte, rief bei der Busgesellschaft an, allerdings ohne Ergebnis. Kurze Zeit später trudelte doch ein riesiger Überlandbus ein und die Reise nach Gympie ging los. Eigentlich hätte der Chauffeur mich nur bis zum Bahnhof fahren müssen, aber er brachte mich bis ins Zentrum. Als ich nachzahlen wollte, winkte er nur ab und meinte: „Wünsche dir einen schönen Aufenthalt!" Ich checkte in einem alten Hotel ein, allerdings zu einem hohen Preis.

10.12.

Gympie ist eine sehr schöne Stadt mit vielen alten Häusern. Lieblich und freundlich ruht sie in einem Talkessel.

11.12.

Die Stadt schlief noch, als ich die Hintertür meiner Unterkunft hinter mir schloss. Ab und zu zogen dunkle Wolken am Morgenhimmel auf. Obwohl es erst fünf Uhr war, war es schon taghell. In der kühlen Morgenluft radelte ich meinem heutigen Ziel Maryborough entgegen.

Kurz nach der Abzweigung nach Tin Can Bay überholte mich ein Polizeiauto und stoppte hundert Meter vor mir. „Was zum Kuckuck habe ich denn jetzt schon wieder falsch gemacht", brummelte ich vor mich hin. Als ich auf ihrer Höhe war, stiegen beide Polizisten aus und sprachen mich an. Wohin ich wolle und woher ich komme. Als sie hörten, dass ich in Darwin gestartet war, blieb ihnen der Mund offen. Damit sie ihn wieder zu brachten, erzählte ich ihnen, dass ich in Cann River einen Mann getroffen habe, der mich bis Sydney mitgenommen habe. In Sydney habe mich meine Freundin bis nach Coffs Harbour gebracht, wo sie ihren Schwager besuchte. Der eine wollte noch wissen, wie alt ich denn überhaupt schon sei.

„Wow", meinten dann beide, „you are so strong!" Bald darauf verabschiedeten sie sich und brausten in die Gegenrichtung davon. Also hatten sie mich verfolgt, denn der eine bemerkte noch: „Wir haben Sie heute Morgen in der Stadt gesehen." Hahaha, das Buschtelefon funktioniert!

Ich traf früh in Maryborough ein und buchte gleich einen Bus nach Bundaberg, denn die Polizisten hatten mir erklärt, dass es für mich ab Maryborough keine Strasse mehr gebe, denn auf dem Bruce Highway sei das Radfahren verboten. Im schönen Caravanpark schrieb ich mich für zwei Nächte ein. Ich musste endlich den Flug nach Südamerika buchen und wollte eine neue Seitentasche kaufen, aber leider fand ich keine passende. So musste ich wohl oder übel wieder meine Schwiegertochter bitten, mir eine in der Schweiz zu besorgen.

151

13.12.

Heute war für mich wieder ein ganz besonderer Tag. Der verflixte Dreizehnte ist für viele Menschen ein Unglückstag, nicht aber für mich, denn vor fünfzig Jahren hatte ich geheiratet. Wie doch die Zeit vergeht und sich so vieles verändert!

Aufgeheizte Luft strömte mir schon um fünf Uhr morgens entgegen. Wieder würde mich ein heisser Tag begleiten. Hügelrauf und hügelrunter, so ging es lange Zeit dahin. Nach achtundfünfzig Kilometern landete ich in Rosedale, einem winzigen Vierhundert-Seelen-Dorf.

Am Dorfeingang stand ein kleiner Tante-Emma-Laden mit Tankstelle. Die Besitzerin war eine jüngere Frau, die so breit war, dass ihr Stuhl auf beiden Seiten zwanzig Zentimeter zu schmal war. Ich gönnte mir bei ihr eine eisgekühlte zuckerfreie Cola. Dann setzte ich mich zu ihr und plauderte eine Weile mit ihr. Sie erzählte mir, dass es seit März nie mehr geregnet habe und es damals nur fünf Zentimeter und nicht wie sonst fünf Meter gewesen seien. Die ergiebigen Niederschläge in der Regenzeit seien ausgefallen und deshalb sei alles rundherum dürr. Es sei zum Weinen, wie die Kühe, Schafe und Pferde auf den ausgedorrten Weiden stehen und nach Futter suchen. Der starke Nordwind trocknete alles noch mehr aus. Die Frau meinte noch: „Mehr als beten, dass es endlich regnet, können wir auch nicht. Wenn der Regen in dieser Saison auch wieder ausfällt, müssen die Bauern ihre Kühe verkaufen und ihre Existenz geht verloren."

Wenn es keine Arbeit mehr gibt, wandern auch die Menschen ab und so sterben die kleinen Orte langsam aus. Im Hotel Royal mit einem angeschlossenen Campingplatz checkte ich ein und ergatterte für nur vierundvierzig Dollar einen schönen Bungalow. Ich schämte mich fast zu duschen, denn wenn es so wenig Wasser gibt, muss gespart werden. Meine Körperwäsche dauerte dann gerademal drei Minuten. Da meine Kleidungsstücke pudelnass vom Schweiss waren, zog ich sie schnell durch das kalte Wasser. Die heisse Sonne trocknete alles wieder im Nu.

13.12.

Leider ging mein Plan wieder einmal nicht auf, denn eigentlich wollte ich nach Miriam Vale radeln, aber dort beginnt ja schon wieder der Bruce Highway. Daher fragte ich an einer Tankstelle, ob der Greyhound Bus auch in Miriam Vale hält. Der Manager, wieder einmal ein Inder, gab mir die Telefonnummer der Busgesellschaft. Nein, war die Antwort. Unsinnigerweise musste ich nun die sechsundsechzig Kilometer zurück nach Agnes Water fahren, um am nächsten Tag wieder auf derselben Strecke mit dem Bus nach Rockhampton zu gelangen. In Agnes Water übernachte ich im teuren Sandcastel Motel, denn die Jugendherberge war voll.

15.12.

Um zehn Uhr dreissig stieg ich in den Bus nach Rockhampton. Australien ist halt ein so riesiges Land, dass nicht überall ideale Anschlüsse vorhanden sind. Die Distanzen sind so immens, dass alle auf ihr eigenes Auto angewiesen sind. Vorsichtshalber hatte ich schon am Vorabend ein Bett in der Jugendherberge in Rockhampton gebucht, denn vor Weihnachten begannen die grossen Schulferien, und da die Aussies ein Reisevolk sind, ist an den schönen Orten mit Badegelegenheit alles ausgebucht. Die hilfsbereite Frau von der Jugendherberge versprach mir, mich am Busterminal abholen zu lassen. Ihr Mann, ein Filipino, fuhr persönlich vor und im Nu war alles samt Velo im Minibus verstaut. Dieses Hostel wies einen Touch von den Philippinen auf. Hohe Palmen und schöne Sträucher zierten das Entrée. Das eher verlotterte Holzhäuschen, das im Freien als Rezeption diente, strahlte eine friedliche Atmosphäre aus. Zwei dicke, faule Hunde lagen im Hof und liessen sich nicht stören. Am übernächsten Tag wollte mich der Manager um dreizehn Uhr dreissig wieder zum Busbahnhof bringen.

16.12.

Am Vortag hatte ich in der Stadt ein sehr schönes Velogeschäft gesehen und wollte nun schauen, ob es eine passende Satteltasche für mich hatte. Obendrauf musste ich auch noch zwei neue Pneus kaufen, denn die beiden anderen, mit denen ich bereits dreizehntausendfünfhundert Kilometer geradelt war, waren abgefahren. Voller Hoffnung steuerte ich den Veloladen an und hatte Glück. Der freundliche Besitzer hatte tatsächlich eine passende und gleichwertige Tasche für mich und auch zwei passende Pneus. Ich liess ihm Zeit, damit er die Reifen wechseln konnte, und erkundigte währenddessen einige Stunden lang die Stadt. Die Sonne schien erbarmungslos herunter, als ich um dreizehn Uhr dreissig wieder beim Fahrradgeschäft vorbeischaute. Der Chef winkte mir zu, als ich den Laden betrat. Mein Fahrrad war schon startbereit. Der umsichtige Mann hatte sogar mein Schutzblech wieder befestigt, obwohl ich davon nichts erwähnt hatte.

17.12.

Pünktlich um dreizehn Uhr dreissig stand ich am Busterminal in Rockhampton, denn laut Busgesellschaft mussten Personen mit viel Gepäck früher dort eintreffen als Passagiere mit Handgepäck. Immer mehr Menschen trudelten auf dem Areal ein, nur der Bus liess auf sich warten. Es war schon längst vierzehn Uhr vorbei und noch immer kein Bus in Sicht!

Ich fragte die Passagierin neben mir, ob sie wisse, warum es diese Verspätung gebe. Sie meinte ganz nebenbei, ja, sie habe ein SMS vom Busunternehmen erhalten, dass in Agnes Water ein Buschfeuer entbrannt und die Strasse gesperrt sei. Es könne sein, dass der Bus bis zu zwei Stunden Verspätung habe. Gegen sechzehn Uhr traf der fahrbare Untersatz endlich ein.

Michele, eine andere Mitreisende, fragte mich, ob ich in Mackay schon eine Unterkunft gebucht habe. „Nein, die Jugendherberge ist ausgebucht und etwas anderes kenne ich nicht. Ich werde mal sehen, was ich finde, wenn ich ankomme." Sie meinte, wenn wir erst nach einundzwanzig Uhr in der Stadt ankommen, gebe es fast keine Menschen mehr auf den Strassen, und buchte für mich ein Hostel in der Innenstadt. Sie fügte hinzu, sie komme schon seit sieben Jahren in diese Stadt und kenne sich bestens aus. Sie bot mir auch an, mich noch bis zum Hostel zu begleiten. Dort warteten schon die beiden geduldigen Besitzerinnen, die sonst um einundzwanzig Uhr schlossen, auf mein Eintreffen. Ich war allen sehr dankbar und wollte Michele in den nächsten Tagen noch zu einem Dinner einladen, denn bei so viel Gastfreundlichkeit lasse ich mich auch nicht lumpen.

Ich hatte nicht herausgefunden, was für ein Problem sie hat, denn ihr Gang war so komisch, so als hätte sie Drogen, Alkohol oder zu viele Tabletten konsumiert. Ich vermutete, dass sie eine Muslima ist. Ich schenkte ihr ein Buch von einem afghanischen Jungen, der im Alter von zehn Jahren von seiner Mutter in ein Schlepperlager gebracht wurde, dann mit anderen nach vier Jahren in Italien landete und dort mit Erfolg eine höhere Schule absolvierte. Eine Skizze im Buch zeigt seinen Fluchtweg. Michele zeigte mir auf dieser Karte den Ort, an dem sie mit ihren Eltern auch gewesen war. Dort hatten alle auf einen Transport nach Europa gewartet.

Ich blieb drei weitere Tage in Mackay, besuchte den botanischen Garten und lief den Zehntausend-Meter-Trail, einen wunderbaren, mit Platten ausgelegten Wander- und Fahrradweg.

23.12.

Um fünf Uhr fünf fuhr ich mit dem Bus nach Airlie Beach, einem sehr schönen, aber auch sehr touristischen Ort. Viele Läden mit brauchbarem und weniger nötigem Kram zierten die Strasse. Ich wollte eine Segelschifffahrt zu den Whitsunday Islands buchen, aber es war leider schon alles bis nach Neujahr ausgebucht. Daher begnügte ich mich mit langen Wanderungen rund ums Meer und genoss die schöne Aussicht. Ich blieb vier Tage lang in der Jugendherberge. Obwohl das Hostel in der Innenstadt lag, hatte es eine freundliche Leitung und eine ruhige Atmosphäre.

27.12.

Der Wecker meines Handys schrillte um fünf Uhr dreissig, denn mein Bus nach Townsville fuhr schon um sieben und bis ich alles aufgeladen hatte und am Busterminal wieder abgeladen hatte, brauchte ich einiges an Zeit. Dann kam aber die böse Überraschung, als ich meine Sachen aus dem Locker holen wollte. Ein Gittertor war durch den Raum gezogen und mit einem Vorhängeschloss versperrt. Geöffnet wurde es erst um sieben. Daher blieb mir nichts anderes übrig, als mit dem Fahrrad und der einen

Tasche, die ich im Zimmer hatte, zur Bushaltestelle zu radeln und mit dem Busfahrer zu verhandeln. Er meinte ganz gelassen: „Ja, dann fährst du halt morgen früh mit."

Ich fuhr entspannt zur Jugendherberge zurück und fragte im Büro nach, ob ich eine Nacht anhängen könne. Die gute Fee gab mir zu einem günstigen Preis ein schönes Einzelzimmer. Da ich am Vortag natürlich ein Hotel in Townsville gebucht hatte, musste ich dort auch eine Nacht stornieren und einen weiteren Tag anhängen, was die Managerin des Hotels auch verstand. Ausserdem musste ich mich in Townsville noch im Veloladen umsehen, ob es eine Schachtel gibt, um mein Rad für den Flug nach Südamerika reisefertig zu machen.

28.12.

Am Vorabend hatte ich alle meine Taschen in mein Zimmer geräumt und stand pünktlich um sechs Uhr dreissig am Busbahnhof. Es gab wieder eine Überraschung, denn diesmal erschien der Bus nicht laut Fahrplan, sondern erst eineinhalb Stunden später. Ein Unfall hatte die Durchfahrt verhindert. Zwölf Kilometer vor Townsville gab es dann wieder ein Unfall und mehr als fünf Kilometer Stau. Auch dort verbrachten wir wieder eine Stunde mit Warten, bis sich alles aufgelöst hatte. Um vierzehn Uhr erreichten wir endlich unser Ziel. Nach einem weiteren Kilometer erreichte ich mein vorgebuchtes Hotel Allen.

30.12.

Meine wichtigste Aufgabe war jetzt, die Fahrradgeschäfte abzuklappern, denn ich brauchte einen Karton, um mein Velo für den Flug nach Südamerika reisefertig zu machen. Das erste war geschlossen, das zweite hat keine Kartons und das dritte gab es nicht mehr. So blieb mir nichts anderes übrig, als am Flughafen anzurufen, ob sie vielleicht dort welche verkaufen. Nein, war die Antwort, ich müsse im Flight Center nachfragen, die würden mir helfen. Im Flight Center empfahl mir eine Frau ein viertes Velogeschäft, und damit ich nicht vergeblich hinfahre, rief sie für mich dort sogar an. Zum Glück war es offen und Fahrradkartons hatte es auch. Leider war das Geschäft sieben Kilometer ausserhalb der

Stadt und ich hätte eine Stunde laufen müssen. Ich beschloss, für die Fahrt dorthin ein Taxi, das auf der gegenüberliegenden Strassenseite stand, zu nehmen. Der freundliche Taxifahrer empfahl mir, für den Heimweg den auf der anderen Strassenseite wartenden Bus zu benutzen, was mich viel billiger komme. Bei so viel Ehrlichkeit blieb mir fast der Mund offen!

Die Frau im Velogeschäft versprach mir, einen Radkarton für den ersten März 2020 zurückzulegen. Mir fiel ein grosser Stein vom Herzen! Ich machte dann noch zwei schöne Wanderungen, eine davon auf einen Hügel, von dem aus ich die wunderbare Aussicht auf Townsville geniessen konnte.

31. 12.

Der letzte Tag des Jahres sollte noch etwas ganz Besonderes bieten, daher entschied ich mich dazu, mit der Fähre auf die Magnetic Island zu fahren. Ich war noch keine halbe Stunde auf der Insel und wollte gerade im Supermarkt Lebensmittel einkaufen, als mich ein alter Mann ansprach: „Wo kommst du her und wo willst du hin?"

Als er meine Geschichte hörte, lud er mich zum Lunch bei seiner Familie ein. „Wenn du willst, kannst du auch bei mir im alten Wohnwagen übernachten", bot er mir an. Ich war hocherfreut, denn an solchen Festtagen ist fast alles ausgebucht und besonders teuer. So zögerte ich nicht lange und sagte zu. Im Nu schwang sich der alte Mann auf sein Rad und bedeutete mir, ihm zu folgen. Er hatte eine liebenswerte Frau und ein Haus auf einem grossen Grundstück mit vielen Bäumen, die köstliche Früchte tragen und einen hohen Ertrag abwerfen. Nebenbei zog er noch andere Pflanzen und Gemüse in seinem Gewächshaus, die er mit viel Liebe pflegte. Nebenan wohnte noch ein Sohn mit seiner Familie. Ein anderer Sohn besuchte ebenfalls mit seiner Familie seine Eltern und so waren wir eine grosse Schar. Ich wurde aufgenommen, als würde ich schon lange zu ihnen gehören.

Mit so viel Glück hätte ich am letzten Tag des Jahres nicht gerechnet! Nach dem Lunch schaute ich mir ohne Gepäck die Insel etwas genauer an und entdeckte viele schöne Buchten. Die wunderbaren, von lauwarmem Wasser umspülten Strände luden zum Baden ein, aber leider ist das vom November bis Mai nicht möglich, denn die giftigen Quallen verursachen höllische Schmerzen. Daher bleiben die Gäste am Strand und kühlen sich mit etwas Meerwasser ab, das in Form von feinen Wellen das Ufer säumt. Am Abend wurde ich von meinem Gastgeber noch zu einem sehr feinen Nachtessen eingeladen.

1.1.2020

Schon früh lockten mich die lärmenden Vögel aus dem alten Wohnwagen. Als ich nach dem Frühstück eine Fünfzig-Dollar-Note auf den Tisch legte, wies Marion sie mit der Bemerkung zurück, dass sie auch vielleicht einmal in der Schweiz aufkreuzen würden. Beschämt versorgte ich den Schein wieder in meinem Portemonnaie. Nachdem ich mich gebührend von meinen Gastgebern verabschiedet hatte, radelte ich zum Pier. Die nahe Turmuhr schlug die achte Stunde, als ich mein Rad auf die Fähre schob.

Der grossen Hitze wegen schaffte ich es nur bis Bluewater und checkte dort am Campingplatz ein. Mein erster Tag im neuen Jahr war nicht gerade der beste, denn als ich das zweite Mal die Tür zu meiner Hütte aufschliessen wollte, klemmte das Schloss und ich war nicht imstande, es zu öffnen, obwohl ich alle mir bekannten Techniken anwendete. Also ging ich wieder zur Rezeption. Dort stand aber auf einem Zettel, dass das Büro bis abends um sechs Uhr dreissig geschlossen sei. Ich wählte die auf dem Zettel angegebene Kontaktnummer, aber niemand nahm den Hörer ab. Das konnte ja gut werden, denn meine Armbanduhr zeigte gerade mal dreizehn Uhr dreissig! Ich war entsetzlich durstig und alle meine Besitztümer waren in der abgesperrten Hütte.

Also blieb mir nichts anderes übrig, als zur Toilette zu laufen und dort Leitungswasser zu trinken. Auf dem Weg dorthin kam ich an einem anderen besetzten Wohnwagen vorbei und bat den Bewohner mir zu helfen. Er versprach zu kommen, hielt dann aber nicht Wort. Die Zeit verrann und ich machte mich wieder auf die Suche nach jemandem, der mir helfen konnte. Schliesslich fand ich einen mir gegenüber wohnenden Mann, der soeben mit seinem Auto vorgefahren war.

Er kam sofort und nach einigen heftigen Stössen und einigem Rütteln an der Tür sprang diese auf. Vermutlich hatte sich etwas verklemmt; ich würde mich hüten, diese Tür noch einmal abzusperren! Ich bedankte mich sehr herzlich bei diesem netten Nachbarn für seine Hilfe und war heilfroh, nicht bis zum Abend draussen sitzen und Schweisstropfen zählen zu müssen.

2.1.

Bei meiner Armbanduhr rutschten die Zeiger gegen fünf, als ich noch im Dämmerlicht den Schlüssel in den Briefkasten bei der Rezeption warf.

Glücklicherweise blieb die Strasse eben und so kam ich zügig voran. Ich wollte Ingham erreichen und die Distanz bis dorthin betrug fünfundachtzig Kilometer. Die Sonne schien so kräftig vom Himmel, dass ich mich immer wieder in den Schatten setzten musste.

Ohne grosse Zwischenfälle erreichte ich um zwei Uhr nachmittags den Campingplatz in Ingham. Müde, aber glücklich duschte ich erst einmal und entledigte mich meiner schweissnassen Kleidungsstücke.

3.1.

In der Nacht musste es geregnet haben, denn als ich das Velo die Treppe runtertrug, stellte ich fest, dass die Erde nass war. Mein heutiges Ziel war das nur siebenundfünfzig Kilometer entfernte Cardwell. Die grosse Hitze liess bald nach, denn schon nach zwei Stunden begann es heftig zu regnen. Eine Wohltat für Tiere und Natur! Hier oben im hohen Norden, in den Subtropen hat sich die Landwirtschaft auf Zuckerrohr und Bananen konzentriert. Alles ist saftig grün, was nur von Vorteil für das Wachstum der Pflanzen ist.

Am Campingplatz Kokaburra arbeiteten nur Männer, dementsprechend sahen auch die Räumlichkeiten aus. Hier wurde wieder einmal auf Abzocke geschaltet, denn das Preis-Leistungsverhältnis stimmte überhaupt nicht.

4.1.

Trotz des unsicheren Wetters fuhr ich weiter, die unfreundliche Leitung des Campingplatzes hatte die Entscheidung erleichtert. Ich hatte aber die Rechnung ohne den Wirt gemacht, denn ich war gerademal zwanzig Kilometer weit gekommen, als eine schwarze Wolkenwand drohte mich einzuholen. Glücklicherweise sah ich einen Rastplatz mit überdachtem Sitzplatz in der Ferne. Meine Entscheidung, dort eine Pause einzulegen, erwies sich als goldrichtig, denn kaum hatte ich mein Pausenbrot ausgepackt, begann es heftig zu regnen. Es war fast so, als hätte der Petrus das himmlische Schwimmbad auslaufen lassen. Innerlich hoffte ich, dass es auch in New South Wales so richtig runterschüttet und der Regen endlich die vielen Buschfeuer löscht.

Ein junges Paar, das die Nacht im Zelt auf einem der überdachten Plätze verbracht hatte, kam zu mir und fragte, ob ich genug Lebensmittel für einen Tag habe, denn es würde noch mehrere Stunden so weiterregnen. Sie brachten dann drei Äpfel und eine Mango vorbei und wünschten mir alles Gute.

Eine Stunde später lockerten sich die dunklen Wolken auf und zwischen ihnen schimmerten blaue Flecken. Ich beschloss weiterzufahren, denn es waren nur noch zwanzig Kilometer bis Tully. Nach zehn Kilometern setzte dann noch einmal ein starker Regen ein. Eine Unterkunft war nicht in Sicht und so fuhr ich einfach weiter, mehr als nass werden konnte ich ja sowieso nicht. Die Zeiger der Turmuhr zeigten gegen zwölf, als ich im Tyson Hotel ein Zimmer für fünfundsechzig Dollar nahm.

5.1.

Leider konnte ich nicht wie sonst um fünf Uhr dreissig losfahren, denn mein Fahrrad stand in einem abgeschlossenen Vorraum und die Putzfrau sollte erst um acht Uhr dreissig kommen. So gab es für mich nichts anderes zu tun, als abzuwarten. Ich nutzte die Zeit und trug mein ganzes Gepäck in den unteren Stock. Als ob ich es geahnt hätte, ging die Putzfrau gerade auf die Toilette und ich nutzte die Gunst der Stunde, um sie zu fragen, ob sie mir den Vorraum öffnen könne, denn ich wolle weiterfahren, bevor es heiss

wird. Rasch, aber mit grimmiger Miene holte sie den Schlüssel-
bund und öffnete mir die Tür. So konnte ich wenigstens eine
Stunde früher losfahren. Brütend heiss brannte die Sonne schon
um acht Uhr auf alles nieder, was nicht im Schatten stand.
Meine Fahrt endete drei Kilometer vor Innisfail im August Moon
Caravan Park. Ganz gute Führung und ruhiger Platz. Gackernde
Hühner in allen Grössen wanderten in kleinen Gruppen auf dem
ganzen Areal umher, glückliche Hühner, so wie es sein soll. Eine
Glucke führte sogar eine Schar von sechs Küken an. Die beiden
Gockel hatten viel damit zu tun, überall im rechten Augenblick am
richtigen Ort zu sein.

6.1.
Meine Augen sahen eine rote Feuerwolke, als ich nach Norden
abbog. Glücklicherweise war es aber nur die Sonne, denn um fünf
Uhr fünfundvierzig stand sie schon am Horizont. Ich radelte tapfer
weiter bis zum Fishery Falls National Park.
Ein plötzlich stoppendes Auto riss mich aus meinen Gedanken an
die Feuersbrünste in New South Wales. Eine blonde Frau mittleren
Alters stieg aus ihrem Auto und sagte zu mir: „Ich bin auch Bike-
rin. Sie sind aus der Schweiz und fünfundsiebzig Jahre alt. Ich war
heute in Gympie und dort habe ich jemanden getroffen, der mir
erzählt hat, dass eine verrückte alte Schweizerin mit dem Fahrrad
Australien umrundet." Andrea, so hiess die Frau, erzählte mir in
aller Eile noch, dass sie fünfzig Kilometer nördlich von Cairns in
Oak Beach wohne, und lud mich ein, sie zu besuchen. Eigentlich
wollte sie mich gleich mitnehmen, aber ich lehnte ab, denn ich war
schon genug auf vier Rädern transportiert worden und wollte nun
bei diesem schönen Wetter mit dem Velo fahren.
Sie schrieb mir in einem unglaublichen Tempo viele schöne Plätze
auf, die ich unbedingt aufsuchen müsse. Ich wusste aber noch
nicht, ob ich alles machen würde, und vor allem, ob ich sie besuchen würde, denn um dorthin zu kommen, müsste ich einen Pass
überqueren. Aus Vernunftgründen müsste ich aber einen Bus
nehmen, denn der Pass ist sehr eng und hat viele unübersichtliche
Kurven. So hatte mich bei der Hinfahrt ein Töff fast über den Hau-

fen gefahren, weil die Motorradfahrer immer gerne die Kurven schneiden.

Zehn Kilometer später erreichte ich dann endlich den Caravan Park in Fishery Falls. Zuvor hatte ich allerdings noch zweimal unter einem schattenspendenden Baum einen kurzen Halt einlegen müssen.

7.1.

Cairns war mein Endziel hier in Australien und dort hatte ich auch die Zehntausend-Kilometer-Grenze überschritten. Ich blieb fünf Nächte in der Jugendherberge und buchte eine Tagestour mit dem Glaswasserboot, um das Great Barrier Reef zu bewundern. Die Unterwasserwelt ist fabelhaft; was da alles an farbigen Fischen und Korallen zu sehen ist, lässt ein Menschenherz höher schlagen! Für die Fische sind die vielen Verstecke in den Korallen eigentlich auch ein Muss der Natur. Selbst wenn sie fressen, werden sie immer von einigen Gefährten begleitet, um in Ruhe ihre Nahrung aufzunehmen. Ganz schön ist auch, wie sich die Sonnenstrahlen auf der Wasseroberfläche spiegeln und wie sie auf dem Meeresboden Schatten erzeugen.

Viele Fische, grosse und kleine, schwammen mit dem Boot und waren nur durch die Scheibe von uns getrennt. Ganze Schwärme von vielen tausenden kleinen, farbigen Fischen nahmen uns zum Teil die Sicht und es schien, als wäre es Nacht. Die Farbenpracht der Fische ist genauso reizvoll wie die einer Blumenwiese.

13.1.

Nach gemütlichen zehn Kilometern erreichte ich Port Douglas. In der schönen Jugendherberge mietete ich mich für zwei Nächte ein und traf auf zwei ganz tolle deutsche Mädchen. Da wurde wieder einmal so richtig deutsch gesprochen. Eines der Mädchen schenkte mir eine Taschenlampe und Papiertabletten-Taschentücher. Wenn man eines dieser Taschentücher benetzt, hat man einen Waschlappen, und wenn man es danach trocknet, ein Taschentuch. Ganz schön raffiniert. Die Taschenlampe ist auch besonders, sie hat einen Stick, und wenn man den herauszieht, gibt es einen schrecklichen Heulton. Für Südamerika gerade richtig.

15.1.

Die Sonne stand noch nicht am Himmel, als ich die Jugendherberge in Port Douglas verliess. Dieses Mal war mein Ziel der Regenwald in Daintree. Die frische Morgenluft und die Feuchtigkeit der Nacht liessen ein angenehmes Fahren auf der ebenen Strasse zu. Auf dem sehr schönen Wild Zoo Caravan Park, vierzehn Kilometer vor Daintree, mietete ich mich in einer Hütte ein, denn der Wetterfrosch drohte mit einem sehr schweren Gewitter, das dann um Mitternacht tatsächlich eintraf. Im Wild Zoo hatte ich auch die Gelegenheit, viele Vögel und andere Tiere, die ich üblicherweise nur tot am Strassenrand sah, lebend zu betrachten.

Erstaunlicherweise war das Frühstück im Preis inbegriffen, was sonst in Australien eher selten der Fall ist. An diesem so gemütlichen Ort wäre ich noch gerne länger geblieben, denn das ganze Areal war mit vielen schönen, Schatten spendenden Bäumen bestückt. Es gab ausserdem grosse Teiche für die Krokodile und Wildenten. Der Manager erzählte mir, dass er jedes Jahr im Sommer einen jungen Mann aus der Schweiz als Volontär habe, der schon viele Jahre so dem Schweizer Winter entfliehe und ihm bei dem Geschäft und den Tieren helfe.

16.1.

Gemütlich radelte ich die letzen vierzehn Kilometer meinem eigentlichen Ziel Daintree entgegen, das ich eigentlich schon am Vortag hätte erreichen sollen.

Daintree muss ein Kraftort sein. Hier endet die Strasse und es geht nur noch zurück. So liess ich den Abend nach einem ausgiebigen Spaziergang durch das winzige Dorf auf dem langen Balkon, der alle Hütten des Campingplatzes verbindet, lesend ausklingen. Die grosse Stille wurde nur durch das Zirpen der Grillen und Trillern der Vögel durchbrochen, das mich schon bald in einen tiefen Schlaf wiegte.

17.1.

Frische, kühle Luft strömte mir entgegen, als ich morgens um fünf die Schiebetür des kleinen Raumes öffnete, um mein Velo ins Freie zu stellen. Ich musste wieder fünfzehn Kilometer zurückfahren, denn wenn ich nach Cape Tribulation wollte, musste ich mit der Fähre über den Daintree River fahren. Nach einer kurzen Fahrt von fünf Minuten war ich im Regenwald. Die hohen Bäume überdachten von beiden Seiten die schmale Strasse und so konnte ich ruhig im Schatten fahren. Wie mir der Fährmann erklärte, hätte ich nur eine kleine Steigung und könne ansonsten eben dahinfahren. Wenn man mit dem Auto unterwegs ist, denn dann fallen einem die Steigungen nicht so auf. Plötzlich begann es steil zu werden und mir lief der Schweiss in Strömen über den Körper. Es war zum Heulen, die grosse Tasche war wieder einmal zu schwer. So wendete ich wieder meinen bewährten Trick 77 an, stellte die grosse Tasche an den Strassenrand und schob mein Fahrrad hundert Meter weiter. Nach unglaublichen zwei Minuten stoppte ein Arbeiter und bot mir an, mich bis zu seinem Arbeitsort mitzunehmen. Der Aussie-Engel meinte, ich hätte aber nach fünfzehn Kilometern nochmals eine zweite Steigung zu bewältigen. Er brachte mich bis zu einem Aussichtspunkt, wünschte mir eine sichere Fahrt und sauste davon.

Einige Kilometer später fragte ich in einem einsamen Restaurant, ob es vielleicht irgendeinen Bus oder ein Taxi gebe, das mich hier abholen könnte. Die Kellnerin lachte laut und meinte: „Da musst du schon selber hochfahren!" Damit gab ich mich nicht zufrieden und schob mein Rad, meinen Gedanken nachhängend, voran. Ungefähr fünfhundert Meter später traf ich auf ein Café. Ich erkundigte mich bei der Kellnerin, ob sie etwas wüsste. Die Servierkraft meinte: „Wenn du dich da draussen an den Tisch setzt und wartest, kommen sicher Einheimische vorbei. Dann fragst du, ob sie dich mitnehmen." Schliesslich kam auch ein Lastwagen, der überall Milchprodukte anlieferte. Ich ging zu ihm und fragte ihn nach einer Mitfahrgelegenheit. Er sagte zu und meinte noch: „Wenn du nichts dagegen hast, dass ich überall stehen bleibe, nehme ich dich gerne mit." So trudelten wir nach einer guten Stunde in Cape Tribulation ein.

Im schönen Backpackers mietete ich mich für drei Nächte für fünfundfünfzig Dollar pro Nacht in einem Einzelzimmer ein. Obwohl es drückend heiss war, schleppte ich mich noch runter an den Strand, der fast menschenleer war. So schön die Strände hier auch sind, man kann an ihnen nur entlang laufen, denn Krokodile und Quallen vergällen den Badegästen das Wasser.

18.1.

Ohne Klimaanlage kann man hier im hohen australischen Norden nicht schlafen, denn durch die drückende Hitze schwitzt man sofort, sodass in Kürze alles nass ist. In der Nacht gab es einen schrecklichen Sturm und am Morgen lagen überall grosse Äste und viel Laub auf dem Boden.

Ich wanderte ein Stück durch den Regenwald und lief beim Beach House an den Strand. Durch den idyllischen Wald führt eine ganz schmale Schotterstrasse, an deren Rand Briefkästen verraten, dass hier noch Menschen wohnen. Unglaublich, wie dicht das Gestrüpp steht und wie üppig es wächst! Wo die Natur noch das Sagen hat, entwickeln sich die Pflanzen dort, wo sie den passenden Standort finden.

Die grosse Stille wurde nur durch vereinzelte Autos der Einheimischen unterbrochen.

Unten am Strand säumt das Meer in vielen Bögen das Ufer, das mit Kokospalmen und wunderschönen, schattenspendenden Bäumen und gelbem Sand bedeckt ist. Überall lagen Kokosnüsse herum und mir kam das Buch „Robinson Crusoe" in den Sinn, welches ich als Kind gelesen hatte. Auch an diesem Strand verhindern Krokodile und Quallen ein Badevergnügen.

19.1.

Früh zog ich schon los, ich wusste, dass ich zwei Steigungen zu bewältigen hatte. Tapfer schob ich mein Rad voran. Tropfnass erreichte ich den ersten Hügel. Da ich sehr viel Flüssigkeit verloren hatte, wollte ich im Café des Campingplatzes einen Cappuccino trinken. Leider war es noch geschlossen, also fuhr ich enttäuscht weiter und steuerte den nächsten, noch steileren Hügel an.

Ich passierte gerade die Cow Bay, als ein Motorradfahrer um die Ecke bog, sein Vehikel zum Stehen brachte und mich fragte, wohin ich wolle und woher ich komme. Er bot mir an, mich mit seinem

Auto auf den nächsten Hügel zu bringen, er müsse aber zuerst zum Arzt, denn er sei vor drei Tagen mit seinem Töff gestürzt und habe nun grosse Schürfwunden am linken Bein. So beschloss ich, auf der nahen Bank zu warten, bis er verarztet war.

Eine halbe Stunde verging und ich entschied mich weiterzufahren, denn keiner kann wissen, wie lange es dauert, bis er an der Reihe ist. Kaum hatte ich den Fuss des mir so verhassten Hügels erreicht, stoppte eine junge Frau und glaubte, ich hätte einen platten Reifen, weil ich mein Rad schob. Sie sagte: „Ich fahre zur Fähre runter, wenn du willst, kannst du mir die Taschen mitgeben, ich lasse sie beim Fährhaus am Ticketschalter und du kannst sie von dort wieder abholen. Überglücklich, nicht so viel Gepäck schleppen zu müssen, sagte ich zu. Zügig schob ich dann meinen Lastesel den Berg hoch.

Plötzlich hörte ich von hinten ein Motorradgeräusch und schon stoppte der Mann. „He, was ist denn jetzt?", fragte er. Ich erzählte ihm, dass eine junge Frau meine Sachen mitgenommen habe. „O.k., dann holen wir zu Hause mein Auto und ich bringe dich zum Fährhaus." Das Fahrrad verstaute er im Gebüsch und markierte die Stelle am Strassenrand. Zuerst zögerte ich, auf seinen fahrbaren Untersatz zu steigen, denn es war über fünfzig Jahre her, seit ich das letzte Mal auf so einem Strassenratterer gesessen war.

In seinem Haus bot er mir zuerst einen Kaffee an, den ich dankend annahm. Danach holten wir mein Velo und fuhren zur Fähre. Bei der Fähre angelangt, durchzuckte mich ein Blitz, denn ich bemerkte, dass ich den Fahrradhelm bei ihm vergessen hatte. Wir packten alle Taschen in sein Auto und brausten zurück. Bei ihm angelangt, sagte er zu mir: „Wenn du willst, kannst du auch noch einige Tage bleiben, dann zeige ich dir noch verschiedene schöne Plätze." Kurz liess ich mir die ganze Sache durch den Kopf gehen und sagte dann zu.

Kornelius, wie sich der Mann bei mir vorstellte, ist ein sympathischer, sehr religiöser Typ.

Anderntags stand die Sonne schon früh am Horizont und der Buschmann, wie ich Kornelius insgeheim nannte, bot mir an, mich mit seinem Motorrad nach Bloomfield River zu fahren. Ein ganz besonderer Spuk, führte doch die Strecke über ungeteerte Strassen und durch Bäche immer weiter in Richtung Norden.

Bloomfield River ist ein Ort, den ich mit dem Velo nie hätte erreichen können. Die Steigungen wiesen zum Teil siebenundzwanzig Prozent auf! Müde, aber überglücklich kehrten wir abends zurück.

„Kommst du auch mit zum Strand?", fragte er mich am nächsten Morgen. Er gehe da jeden Tag hin, um Müll zu sammeln und seine Gymnastikübungen zu machen. Mit dem Motorrad ging es einige Kilometer runter zum Strand. Dort trafen wir auf alte Menschen mit ihren Hunden. Kornelius erzählte mir, dass das alles Drogenabhängige und arbeitslose Alkoholiker seien. Hier im Wald leben viele Einsiedler in primitiven Hütten, pflanzen ihre Drogen selber an und führen ein insgesamt eher langweiliges Leben. Einige lernte ich durch Kornelius kennen. Liebe, freundliche Menschen, aber leider ihrer Sucht verfallen.

Der Buschmann konnte mich dazu überreden, auch an allen anderen Tagen mit ihm an den Strand zu gehen. Barfuss auf dem feuchten Sand zu laufen ist eine Wohltat. Leider konnte man auch hier aus den üblichen Gründen nicht ins Wasser gehen.

Mein Gastgeber erklärte mir, dass er nach Cairns müsse, um Batterien für seine Generatoren, die er bestellt hatte, abzuholen. Da man hier im Regenwald Strom mittels Generatoren erzeugt, hat man immer wieder grosse Ausgaben. Ich könne zu Hause bleiben oder mitkommen. Die Oak Bay liegt vor Cairns und dorthin hatte mich Andrea, die Frau, die ich vor knapp drei Wochen kennengelernt hatte, eingeladen. Kornelius war bereit, mich dort abzuladen.

Wir trafen eine Stunde früher als vereinbart bei Andrea ein. Ihr Vater, der mit ihr zusammen wohnt, rief ihren Namen in die vier dürftigen Räumlichkeiten. Laut drang eine weibliche Stimme aus einem Gemäuer: „Ich habe dir doch geschrieben, dass ich noch Chorprobe habe und erst am Nachmittag für dich Zeit habe!"

Leider hatte mich dieses Mail, in dem sie meinen Besuch verschieben wollte, nicht mehr erreicht, denn Kornelius hatte den Generator schon abgestellt und daher hatte es keinen Strom mehr gegeben. „Entweder du kommst zur Chorprobe oder du fährst mit deinem Begleiter mit!" „Was für Lieder werden denn gesungen?", fragte ich Andrea. „Verschiedene, auch Gospel", antwortete sie. Ich sagte zu, sie zu begleiten, und war von den Liedern begeistert. Die Leiterin, eine dunkelhäutige Frau, die sogar ab und zu mit Pavarotti sang, hatte eine Stimme, die mir durch Mark und Bein ging.

Bei dieser Gelegenheit lernte ich auch noch eine Schweizerin kennen, die uns nach dem Unterricht ihren wunderbaren Garten mit sehr vielen einheimischen Früchten und Gemüsesorten zeigte. Sie verkaufte auch Honig aus ihrem eigenen Garten.

Nachmittags, nach einem kurzen Lunch brachen wir zum Creek auf. Andrea wollte dort baden. Mir gefielen die dunkle Brühe und die schlüpfrigen Steine weniger als ihr und ihrem Hund Atta. Mein Gastgeber rief an, dass er vor sechzehn Uhr bei Andrea vorbeifahre. Zu Hause stellte er sein Auto, das mit Batterien und anderem Material beladen war, auf dem Parkplatz ab. „Abladen können wir morgen!", meinte er. Nach einem feinen Nachtessen, das wir beide zusammen zubereitet hatten, liessen wir den Abend mit zwei Filmen von seinen Söhne ausklingen, die gerade mit ihren Segelbooten den Wellen trotzten.

24.1.

Wie immer gingen wir zuerst an den Strand und frühstückten dann. Danach wollte Kornelius die Plane, die er gekauft hatte, als Regenschutz über seinen Container spannen. Ich bot ihm an, ihm dabei zu helfen. Als wir das Gerüst aufgestellt hatten, war der Morgen vorbei. Schuftend flogen die Stunden dahin. Um siebzehn Uhr zog der Buschmann das letzte Seil an einem der Bäume fest und die Plane war gespannt. Ich beschloss, eine Nacht da in luftiger Höhe auf dem Container zu übernachten. Freiluft-Camp nenne ich das, denn selbst der Kübel und das Toilettenpapier fehlten nicht. Tief und fest schlief ich bald ein, nur das Zirpen der Grillen und das Geschnatter der Wildhühner verrieten, dass ich draussen, auf luftiger Höhe, mein Schlaflager errichtet hatte. Die einzige Plage waren die vielen lästigen Mücken, denen ich den Wind aus den Segeln nahm, indem ich mir kurzerhand meinen Seidenschlafsack über den Kopf zog.

25.1.
Kornelius nahm sich frei und zeigte mir noch einige schöne Flecklein in der Umgebung von der Cow Bay. Ein Weg führte über einen Holzsteg durch den Regenwald. In der Regenzeit wird da oft der Waldboden überflutet.

26.1.
Wie immer machten wir vor dem Frühstück unsere Strandwanderung. Danach packte ich meine sieben Sachen zusammen und der Buschmann brachte mich bis kurz vor die Abzweigung nach Mossman. In Mossman fand ich eine billige Bleibe und gönnte mir im nahegelegenen Restaurant eine Portion Frühlingsrollen.

27.1.
In der Nacht hatte es stark geregnet. Die schweren Wolken hingen noch am Himmel, als ich das Hotel am Morgen verliess. Schon bald aber verdrängte die Sonne den dunklen Schleier und strahlte wieder in voller Pracht. Angenehm kühle Luft strömte mir entgegen.

28.1.
Ich wollte noch einmal in der schönen Jugendherberge in Port Douglas übernachten. Zwischen Mossman und Port Douglas lagen nur vierzehn Kilometer. Ich wollte mir noch Cooktown anschauen und erkundigte mich in Port Douglas, ob es einen Bus gebe, der dort hinfährt. Es waren doch dreihundert Kilometer durchs Inland.

29.1.
Pünktlich um acht Uhr morgens hielt der Bus vor dem Hostel und damit begann auch schon die Odyssee. Der Chauffeur konnte nicht die übliche Route fahren, denn in der Nacht hatte es stark geregnet und eine Brücke, über die die kürzere Verbindung ging, war überflutet. Also trafen wir nicht um zwölf Uhr mittags in Cooktown ein, sondern erst sechs Stunden später. Der Fahrer führte mich vor

ein Motel und meinte, das sei das günstigste und beste. Das stellte sich dann aber als unrichtig heraus, es konnte zumindest nicht das beste sein. Das Zimmer für sechzig Dollar glich einer Gefängniszelle aus alten Zeiten. Die Küche war völlig verschmutzt, der Boden fettig, es miefte und von dem Kochgeschirr will ich gar nicht reden. Mich ekelte es und ich war ausserstande, mir auch nur einen Tee zu kochen.

30.1.

Um sieben Uhr dreissig brauste der Bus vor das Motel und der Fahrer erklärte mir, er wisse nicht, wie es weitergehe, denn die Flüsse seien in der Nacht noch weiter angeschwollen. So kam es, wie es kommen sollte. Eine kleine, herzige Aborigine und ich waren die einzigen im Bus.

In Bloomfield hätte er noch zwei junge Burschen mitnehmen sollen, aber da die Mutter der beiden Knaben den Schalterbeamten angelogen hatte, reichte das Geld nicht, das sie dabei hatte. Sie glaubte, dass das Geld reichen würde, wenn sie behauptet, dass die Knaben jünger seien, als sie tatsächlich waren .Leider machte sie den Fehler, dass sie zum Fahrer sagte, dass die beiden fünfzehn und siebzehn seien, was den Preis in die Höhe trieb. Acht Dollar fehlten und ich überlegte, ob ich ihr das Geld vorschiessen sollte. Der Fahrer war dagegen, er meinte, dass die Mutter mit Hilfe rechnen würde. Also verweigerte der Busfahrer die Mitnahme der beiden und die enttäuschte Mutter blieb mit ihren Kindern zurück. Mir brach es fast das Herz.

Vierzig Kilometer später kam dann die zweite Überraschung, denn die Palmbrücke war einen halben Meter überflutet und wir mussten warten. Lange standen wir oben auf dem Pass in der prallen Sonne. Dann kam die Nachricht per Handy, dass das Wasser noch steige und ein Durchkommen in den nächsten Stunden nicht möglich sei.

Meine Armbanduhr zeigte erst zwölf Uhr mittags. Also hiess es, von einem Fuss auf den anderen zu treten. Wir hatten Hunger und ich gab der kleinen Aborigine die Hälfte meines Sandwiches, die sie gierig verschlang. Um vierzehn Uhr entschied sich der Fahrer dazu, zum Palmer Roadhouse zurückzufahren.

Endlich gab es einen kühlen Drink! Immer wieder telefonierte der Fahrer, aber es kam einfach keine vernünftige Lösung zustande. Um siebzehn Uhr hatte ich genug und schlug dem Fahrer vor, doch runter zur Brücke zu fahren und sich selber ein Bild zu machen. Das tat er dann auch, wir konnten die Brücke überqueren und erreichten mit sieben Stunden Verspätung wieder Port Douglas.

Weil das alles sehr stressig gewesen war und ich vorhatte, am Nachmittag ein Paket auf die Post zu bringen, beschloss ich, einen Tag in Port Douglas anzuhängen.

1.2.

Gestern startete ich erst spät, radelte nach Ellis Beach und mietete dort ein kleines, hübsches Häuschen in Strandnähe. Ich war zu müde, um den Strand zu besuchen, holte das dann aber heute Morgen nach. Es ist wunderschön, am Ufer zu stehen, den Wellen zuzuschauen und zu hören, wie sie ihr eigenes Lied summen, wenn sie ihr Wasser an den Strand spülen. Kein Mensch war weit und breit zu sehen, ausser einem Kajakfahrer, der hundert Meter weiter draussen im Meer seine Paddel in Bewegung setzte.

Knapp vor Mittag checkte ich in der Jugendherberge in Cairns ein. „Back again?", begrüsste mich der Manager, als er mich sah. Er gab mir für fünfundfünfzig Dollar ein schönes Einzelzimmer.

3.2.

Ich fragte im Flight Center nach einem Flug nach Darwin. In Darwin wollte ich eine Frau besuchen, die ich im Hostel in Lancelin kennengelernt hatte und in Darwin als Tanzlehrerin arbeitete. Ausserdem wollte ich noch den Kakadu-Nationalpark besuchen, der bei meinem ersten Besuch in Darwin geschlossen war. Leider war der Flug nach Darwin recht teuer und daher beschloss ich, nochmals nach Cape Tribulation zu fahren, was mich nur hundert Dollar kosten würde.

Ich lief dann noch lange in der Stadt herum, um mich in den Motorradgeschäften umzusehen. Ich hatte mir den Floh in den

Kopf gesetzt, dass ich Südamerika mit dem Töff bereisen möchte. Kornelius hatte mich für das Motorrad begeistert und mich mit seinem Töff an viele schöne Orte gebracht. Die Geschwindigkeit und Leichtigkeit, mit der man die Berge hochfahren kann, hatten in mir den Wunsch ausgelöst, etwas mehr Tempo in meine lange Reise zu bringen. Leider kehrte ich enttäuscht in die Jugendherberge zurück, denn in Cairns gab es nur Maschinen mit mehr als hundertfünfundzwanzig Kubik. Ich hoffte, in Südamerika mehr Glück zu haben und dort doch noch in den Genuss eines solchen Vehikels zu kommen.

7.2.

Ich beschloss, den Bus nach Cape Tribulation zu nehmen und mein Gepäck währenddessen im Hostel einzustellen. Mit einem kleinen Rucksack bestückt erreichte ich zwei Stunden später die Cow Bay und wurde von dort mit dem Töff-Taxi abgeholt. In den sieben Tagen im Regenwald erlebte ich eine sehr schöne Zeit. Ich half Kornelius beim Arbeiten und zum Dank machte er mit mir eine sehr schöne Fahrt mit seinem grossen Motorrad ins Tableland. Dort besuchten wir den Gottesdienst in der Kirche, der Kornelius beigetreten war. Nach einer sehr langen Predigt servierten die Verantwortlichen ein gemeinsames Mittagessen. Es ist Brauch, dass jeder etwas zum Gottesdienst beiträgt, indem er etwas zum Essen mitbringt. Das gemeinsame Essen, dem auch Aborigines beiwohnten, freute mich ganz besonders, denn es war sehr herzlich.

Zwei Tage später war dann das Finale. Kornelius fuhr mit mir mit seinem Motorboot hinaus aufs Meer und zeigte mir traumhafte Buchten und Strände, deren glasklares Wasser mit einer Temperatur von achtundzwanzig Grad sogar mich zum Baden einlud. Leise schlugen die feinen Wellen gegen die mit feinen Korallenstückchen besetzten Ufer.

Die beiden Häuser von Kornelius brauchten eine gründliche Reinigung, und daher arbeiteten wir zwei volle Tage, um alles sauber zu machen. Danach glänzten sogar alle drei Motorräder im Morgenlicht der ersten Sonnenstrahlen. Für mich war die Zeit im Nu verflogen und mit Wehmut verliess ich dieses schöne Stück Erde.

15.2.

Pünktlich um zehn Uhr am Vormittag fuhr der Bus im Crocodile Backpackers vor und setzte mich vier Stunden später in der Jugendherberge in Cairns ab, wo ich noch zwei Nächte blieb.

17.2.

Es dämmerte noch, als ich um fünf Uhr dreissig die Stadt verliess. Nach und nach erloschen die Lichter und die Sonne stieg am Horizont auf. Gemütlich radelte ich auf der schönen flachen Strasse in Richtung Townsville und stoppte vier Stunden später in Fishery Falls. Ich erhielt die gleiche Hütte, in der ich beim ersten Mal übernachtet hatte.

18.2.

In der Nacht hatte es stark geregnet, überall lagen Pfützen auf Plätzen und Strassen. Kühle, frische Morgenluft begleitete mich auf den vielen Kilometern nach Innisfail. Nebelschwaden zogen durch das enge Tal und Tautropfen glänzten im ersten Sonnenlicht. Friedlich radelte ich dahin und genoss den Morgen. Sieben Kilometer vor Innisfail stoppte mich ein Autofahrer und bot mir an, mich mitzunehmen. Ob ich Angst habe, wollte er wissen. Darauf gab ich ihm zur Antwort: „Nein, in Australien gibt es nur gute Männer." Nein, war seine Antwort, hier gebe es viele gefährliche, er sei aber ein guter, denn er singe im Gospelchor und glaube an Gott. Wie alt ich denn sei, wollte er dann auch wissen. In meinem Alter solle man nicht mehr so grosse Abenteuer bestehen, das sei etwas für junge Leute. Wohin ich denn überhaupt wolle? „Nur noch bis Townsville", war meine Antwort. „Na, wenn du willst, bringe ich dich dorthin!" „Auf gar keinen Fall", meinte ich, „das ist ein Katzensprung für mich." „Also, dann nimm doch bitte den Bus oder den Zug!" Aber ich verweigerte alles und checkte in Innisfail in einem günstigen Motel ein. Ich musste dann noch in die Stadt, denn ich hatte keine Lebensmittel mehr. Die grosse Hitze war so drückend, dass man kaum gehen konnte.

19.2.

Morgenrot zierte den Himmel, als ich um sechs das Motel verliess. Der prasselnde Regen der letzten Nacht verlieh der Gegend einen frisch gewaschenen Anstrich. Die Luft war rein und das Atmen fiel leicht. Leise ein Lied summend radelte ich auf der wenig befahrenen Strasse dahin. Nach zehn Kilometern bemerkte ich plötzlich, dass mein Rucksack fehlte. Eilig drehte ich um und hoffte, dass ich den vergessenen Rucksack unberührt in meinem Zimmer vorfinden würde, was dann auch tatsächlich so war. Die Sonne stand nun schon sehr hoch, als ich wiederum in Richtung Townsville radelte. Obwohl ich nur bis Mission Beach gefahren war, zeigte mein Tacho schon vierundfünfzig Tageskilometer an.

20.2.

Cardwell war mein heutiges Ziel. Ein lauwarmer Wind wehte mir entgegen, als ich den etwas tiefer gelegenen Zeltplatz verliess. Die Temperatur verriet, dass es wieder heiss werden würde. Immer wieder musste ich mir einen schattigen Platz suchen und den Körper mit kaltem Wasser runterkühlen. Ungefähr fünfundzwanzig Kilometer vor Cardwell stoppte ein Autofahrer und lud mich ein, mit ihm mitzufahren. Er fahre nach Townsville, wo ich denn überhaupt hin wolle. „Ja, im Endeffekt auch nach Townsville, aber heute nur nach Cardwell, sonst bin ich zu früh in Townsville." Dieser Mann kam aus Papua Neuguinea und arbeitete als Computerfachmann. Er bot mir an, mich nach Cardwell mitzunehmen, und wir packten meine Sachen in sein Auto. Auf der Fahrt dorthin erzählte er mir, dass er schon elf Jahre in Australien lebe, verheiratet sei und fünf Kinder habe. Ich war überrascht, dass man in Papua Neuguinea so viele Kinder hat. Darauf meinte er verschmitzt lächelnd: „Ja, wir hören erst auf, wenn ein Junge geboren wird, erst dann ist das Ziel erreicht. Zuerst hat meine Frau vier Mädchen geboren." Mit einem schelmischen Lächeln fügte er hinzu: „But now I locked the door."

Im Beachfront Motel fand ich eine schöne Unterkunft. Die Managerin schlug mir vor, in den Pool zu steigen, woraufhin ich ihr erklärte, dass ich meinen Badeanzug in meiner Heimat vergessen

174

habe. Sie liess sich nicht entmutigen und kam bald darauf mit einem zurückgelassenen Badeanzug daher.

21.2.

Es roch nach Regen und die tiefhängenden Wolken liessen nichts Gutes erahnen. Ein laues Lüftchen wehte mir von Westen ins Gesicht. Meine Hoffnung, vor dem grossen Regen in Ingham einzutreffen, zerschlug sich im Wind. Drei Kilometer vor dem Ziel fing es an zu schütten, allerdings regnete es so kurz, dass schon wieder die Sonne schien und die Hitze zurückkam, als ich gerade die Regenjacke angezogen hatte. Im Station Hotel fand ich eine billige, aber sehr heruntergekommene Bleibe für fünfunddreissig Dollar. Die Managerin, ein freundliches junges Mädchen mit zwei langen Zöpfen, arbeitet an der Bar in so zerrissenen, schmutzigen Shorts, wie man sie in unseren Breitengraden nirgends sieht.

22.2.

Langsam näherte ich mich meinem Endziel Townsville. Die Luft roch schon wieder nach Regen und ich wusste, dass ich nass werden würde. Pudelnass kam ich im Holiday Resort, das sieben Kilometer vor dem Rollingstone Roadhouse lag, an, wurde aber wieder weggeschickt, da alle Hütten besetzt waren.

Die Übernachtungsmöglichkeiten im hoffnungslos verlotterten Rollingstone Roadhouse waren verheerend, denn es fehlte an allem. In der Dusche flog mir der Hahn entgegen, als ich ihn aufdrehte, das Lavabo hing an zwei rostigen Nägeln und bei der Toilette musste ich zuerst einen kleinen Zuleitungshahn öffnen, bevor ich spülen konnte. Einmal vergass ich den Hahn zu schliessen und nach einer Stunde war die ganze Toilette unter Wasser. Wo es dann allerdings hinfloss, war mir unklar, denn nachdem ich den Hahn wieder zugedreht hatte, war alles plötzlich wieder trocken. Weder die Toiletten noch die Tür zur Dusche konnten geschlossen werden, da die Schlösser kaputt waren. Fünfundsechzig Dollar durfte ich für diese lausige Bude hinblättern. Nur weil es keine andere Übernachtungsmöglichkeit gab, hatten die die Chance, so viel zu verlangen. Langsam hatte ich genug und freute mich auf

Townsville. Was mich aber in zwei Wochen in einem fremden Land erwarten würde, stand noch in den Sternen.

23.2.

Schwere Regentropfen klopften schon um fünf am Morgen an die Fensterscheiben. Es hatte die ganze Nacht sehr stark geregnet und draussen lagen überall grosse Wasserpfützen. Townsville zu erreichen war heikel, denn der Wetterbericht meldete für den ganzen Tag schwere Regenfälle und bis zu meinem Ziel musste ich noch vierundfünfzig Kilometer zurücklegen. Zum Glück war die Strecke eben und so kam ich in einer normalen Zeit an. Tropfnass fuhr ich auf den letzten zwanzig Kilometern, und der Himmel hatte sich so massiv verdunkelt, dass die Strassenlaternen schon um zehn Uhr am Vormittag eingeschaltet wurden. Es war unmöglich, Schilder aus einer Entfernung von zwanzig Metern zu lesen.

Nach fünf Kilometern erreichte ich den Tourist Park Coral Coast in Townsville. Ich war dankbar, diese Bleibe gefunden zu haben, konnte ich doch endlich meine nassen Kleidungsstücke gegen trockene tauschen. Eigentlich wollte ich noch Kenneth besuchen, aber da das Wetter so garstig war, sah ich davon ab. Kenneth und Lesley hätten sicher keine Lust gehabt, einen so nassen Gast zu empfangen.

24.2.

In der Hoffnung, dass sich das Wetter am nächsten Tag bessern würde, wollte ich die letzten acht Kilometer bis zu meinem Hotel am Strand schaffen. In der Stuart Street, nur zwei Kilometer weiter, fand ich eine billige Bleibe für die nächsten fünf Tage, bis ich im vorgebuchten Hotel Allen einchecken konnte. Hier zahlte ich nur fünfundzwanzig Dollar, was für städtische Verhältnisse sehr günstig war, und das noch dazu für ein Einzelzimmer!

25.2.

Dieser Tag hätte nicht spektakulärer ausfallen können. Nachdem ich im nahen Supermarkt Blumen gekauft hatte, bestieg ich den Bus Nummer 203, um nach Pimlico zu gelangen und dort Lesley und Kenneth zu besuchen. Der freundliche Fahrer sagte nach vier Stationen: „Hey lady, you have to get off here!"

Am Wegrand konnte ich ablesen, auf welcher Seite ich zu der Gloucester 28, Unit 4 gelangen konnte. Schon fünf Minuten später klopfte ich am Küchenfenster und Lesley, die die Tür öffnete, empfing mich mit einer herzlichen Umarmung. Ich fühlte mich sofort zu Hause. Kenneth, der gerade in der Küche beschäftigt war, begrüsste mich mit derselben Begeisterung.

Zusammen besuchten wir seinen Freund Adrian, der nur einige hundert Meter weiter wohnte. Er war ein Musiklehrer, hatte sechzig Jahre in Melbourne gewohnt und Kenneth das Ukulelespielen beigebracht. An Kenneth war ein Schauspieler verloren gegangen! Er konnte auch sehr schön singen und seine Performance war ausgezeichnet. Lesley, die sich an diesem Nachmittag schon bald wieder verabschiedete, weil sie einen zweistündigen Kurs besuchte, liess mich mit den beiden Herren alleine.

Kenneth beschloss, mit uns auf den Mount Stuart zu fahren. Auf dieser Anhöhe stehen viele Türme mit Radio-, Fernseh- und Mobilfunkantennen. Nach einem kurzen Rundgang genossen wir die wunderbare Aussicht aus dieser Höhe ins Tal, in dem Townsville ruht. Lesley war schon zu Hause, als wir eintrudelten. Adrian holte seine Handharmonika hervor und spielte vor dem Dinner wunderbare Stücke, auch solche aus meiner Heimat. Alte Erinnerungen wurden wach, hatten doch auch ich und mein Sohn dieses Instrument in unserer Jugend gespielt. Zum Schluss spielte er noch den Schneewalzer und das altbekannte Lied „Auf Wiedersehen". Nach einem feinen Dinner verabschiedete sich Adrian mit der Bemerkung, ich solle mich doch an das letzte Stück erinnern und wieder zurückkehren, was ich ihm leider nicht versprechen konnte.

Die Zeiger der Uhr in Kenneths Stube zeigten auf acht, als er beschloss, mich und Lesley auf den Aussichtspunkt hinaufzufahren, um mir die Schönheit des Lichtermeeres von Townsville näherzubringen. Die beiden luden mich ein, am Freitagabend mit ihnen und Adrian ein Konzert zu besuchen. Ein klein wenig

Abwechslung im Veloalltag ist nötig, damit die Reise nicht eintönig wird!

28.2.

Kenneth holte mich am Freitagabend um achtzehn Uhr fünfundvierzig vor dem Hostel ab. Voller Begeisterung lief ich in den Saal, zahlte meine drei Dollar Eintrittsgeld und las auf der Tafel: „Country Music Club". Wow, das war genau das Richtige! Ich liebe diese Musik! Der Abend war ein voller Erfolg. Die Lieder und die Sänger begeisterten mich so sehr, dass ich am liebsten dazu getanzt hätte. Ganz zum Schluss spielte Adrian noch mit den anderen auf der Gitarre ein ganz rassiges spanisches Stück, das ich schon einmal gehört hatte.

2.3.

Nun stand mir die verhasste Arbeit bevor, mein Fahrrad in den Karton, den ich am Morgen im Velogeschäft abholte, zu verfrachten, indem ich es in die verschiedenen Einzelteile zerlegte. Das eine Pedal liess sich um keinen Preis entfernen, und so holte ich den Geschäftsführer des Fahrradladens. Nachdem er fünfzehn Minuten probiert hatte, meinte er: „Sorry, I can't do it." Daher blieb mir nichts anderes übrig, als ein Taxi zu bestellen und ins nächste Fahrradgeschäft zu fahren. Der freundliche Mechaniker dort konnte mit dem gleichen Schlüssel auch nichts ausrichten und holte einen anderen, um es von der Seite zu probieren. Endlich löste sich das Pedal! Grosszügig verlangten sie im Radgeschäft nichts für die Arbeit, aber für die beiden Taxifahrten musste ich ganze sechzig Dollar hinblättern. So langsam hatte ich genug von meinem Velokram!

Was ich erst meinem einundzwanzigjährigen Enkel anvertraut hatte, würde hoffentlich bald in Erfüllung gehen. Denn mein Wunsch, ein Motorrad zu kaufen, rückte immer näher, ja, ich träumte schon davon! Ich wollte in Südamerika die Augen offen halten und vielleicht einen Motorradfahrer finden, der mir beim Kauf zur Seite stehen könnte. Gibt es doch viele Sachen, die ich noch wissen musste! Nur mit Wehmut würde ich mich von meinem Fahrrad, das mich vierundvierzigtausendfünfhundert Kilometer begleitet hatte, verabschieden und es einem armen Menschen schenken. Die Geschwindigkeit und die Leichtigkeit, mit der man mit einem Motorrad über die Berge flitzen kann, der Wind in den Haaren und der Rausch der Freiheit übten einen ganz besonderen Reiz auf mich aus.

1.3.

Ich musste mich noch nach einer Waage umsehen, denn Übergewicht ist entsetzlich teuer. Möglicherweise müsste ich auch noch ein Paket zur Post bringen. Ein Taxi für den übernächsten Tag musste ich ebenfalls bestellen, denn ich musste um vier Uhr morgens im Hostel abgeholt werden.

2.3.

Kenneth schrieb mir, dass Lesley um zehn Uhr zum Hostel kommen werde, um mit mir den Sonntagsmarkt zu besuchen. Da ich Märkte liebe, sagte ich natürlich sofort zu. Kenneth ging üblicherweise am Sonntagvormittag in die Kirche, Lesley interessierte sich nicht dafür und beschäftigte sich dann anderweitig. Nach einem feinen Kaffee, den wir im nahen Lokal genossen, verliessen wir den Markt, um zu Hause den Lunch vorzubereiten.

Am Nachmittag bot Kenneth an, das schöne Wetter zu nutzen und zum Damm zu fahren, der einen riesigen Stausee begrenzt und mit dessen Wasser ganz Townsville versorgt wird. Langsam senkte sich die Sonne am Horizont und es wurde Zeit, nach Hause zu fahren. Kenneth wollte nochmals zur Kirche und ich bot ihm an, ihn zu begleiten, denn es war eine Kirche der Baptistengemeinde und ich war neugierig, wie der Gottesdienst dort gehandhabt wird. Ich war angenehm überrascht und fühlte mich sofort aufgenommen. Die Predigt war kurz und verständlich, die Lieder durften von den Anwesenden selber ausgewählt werden. Eine schöne Stimmung, von der ich mich gar nicht abgelehnt fühlte, vermittelte mir einen seriösen Eindruck von der Kirche, welche nur von Laienpfarrern geführt wird. In der Hoffnung, auch in Südamerika in den Genuss solcher Institutionen zu kommen, freute ich mich nun, mein geliebtes Australien mit einem weinenden und einem lachenden Auge zu verlassen, um in einen Kontinent einzutauchen, in dem Menschen mit vielen Entbehrungen leben müssen.

3.3.

Zum Abschluss luden Kenneth und Lesley mich zu einem Dinner ein. So kam ich in den Genuss, das Casino von innen zu betrachten. Ich sah die vielen Lichter und konnte die spielenden Menschen beobachten, deren grosse Hoffnung darin besteht möglichst viel Geld zu gewinnen.

Lockdown in Ushuaia

4.3.

Pünktlich um acht Uhr fünf flog die Maschine von Townsville nach Brisbane ab, wo ich das Flugzeug wechseln musste, um nach Melbourne zu gelangen. In Melbourne übernachtete ich im Flughafenhotel, da mein Weiterflug nach Südamerika erst am nächsten Tag ging.

5.3.

Abflug nach Ushuaia! Um dreizehn Uhr fünfundzwanzig hob die Maschine der Quantas in Melbourne ab, um uns nach Santiago de Chile zu bringen. Nach elf Stunden Flug rollte das Flugzeug auf der Piste in Santiago ab. Für mich ging die Reise weiter nach Buenos Aires. Dort flüsterte mir eine Flughafenangestellte ins Ohr, dass ich hier den Flughafen verlassen müsse. Denn um zum Flughafen nach Ushuaia zu gelangen, der sich dreiundzwanzig Kilometer weiter westlich befindet, müsse ich ein Taxi nehmen, es gebe nichts anderes.

Meine Armbanduhr zeigte schon dreiundzwanzig Uhr, also fast Mitternacht, aber es blieb mir nichts anderes übrig als mich auf den Weg zu machen. Kurz vor dem Ausgang des internationalen Flughafens stand ein Mann mit einem Schild vor dem Bauch: „transfer por auto". Ich begab mich zu ihm und erklärte ihm mein Problem. „Sí, claro", antwortete er. Für nur umgerechnet zwanzig Franken brachte er mich zum Jorge Newbery Flughafen. Wir plauderten ein wenig. Und unter anderem fragte ich den Fahrer, ob es hier auch falsche Taxis gebe. „Sí, claro, tenga cuidado!" Er aber sei keiner von denen.

Mein Flug nach Ushuaia ging erst um vier Uhr fünfzig, also nutzte ich die Zeit, um mir eine feine Pizza zu kaufen. Um zwei Uhr konnte ich einchecken und mein lästiges grosses Gepäck am Oversize-Schalter abgeben. Wenn ich die Box waagrecht hinstellte, kam ich mir wie mit einem Schneepflug vor, wenn ich sie senkrecht stellte, sah ich nicht, was dahinter war, und rammte so manchen Pfosten. Da ich einen schrecklichen Schlafmangel hatte, freute ich mich schon darauf, mein Hotel zu beziehen, alles hinzuschmeissen und nur noch zu schlafen.

6.3.

Ich konnte wegen des frühen Abflugs nicht schlafen, so gab es für mich nichts anderes zu tun, als zu lesen und Kaffee zu trinken, um wach zu bleiben. Als ich durch die Sicherheitskontrolle gehen und mein Handgepäck plus Pass in eine Plastikbox legen musste, begann eine Odyssee.

Als ich auf der anderen Seite wieder meine Box entgegengenommen hatte, stellte ich mit Schrecken fest, dass mein Pass verschwunden war. Ich meldete es sofort der Security, die mich in ein Büro schickte. Von dort wurde ich dann immer weiter in andere Büros geschickt, aber keiner wusste, was er mit mir machen sollte. Langsam wurde ich wütend, denn die Zeit wurde knapp und mein Flieger wartete nicht.

Endlich schickte man mich dann zur Flughafenpolizei, die fünfhundert Meter entfernt, am Ende des Gebäudes untergebracht war. In einem fensterlosen Raum mit nur zwei schmutzigen, abgewetzten Tischen, die mit je einem Computer bestückt waren, sassen zwei junge Polizisten und wussten auch nicht, was man machen könnte. Ich erklärte ihnen meine Situation und sie meinten, ohne Passnummer gebe es keine Hilfe. Aus irgendeinem Grund hatte ich mein Visum für Australien noch im Rucksack und nicht wie sonst immer im restlichen Gepäck, das ich schon eingecheckt hatte. In aller Eile kramte ich das Visum hervor und dann stellten sie mir schnell eine Passbestätigung aus. Knapp bevor die Polizeikontrolle schloss, durchlief ich sie zum zweiten Mal.

Als ich dann endlich in der Abflughalle war, kam eine Frau auf mich zu und überreichte mir meinen Pass. Ich war sprachlos und nach einer kurzen Pause fragte ich sie, wo sie den herhabe. Sie meinte ganz lakonisch: „Der lag unter meinem Stuhl." Komisch

182

war nur, dass ich gar nie auf einem dieser Stühle gesessen war. Wie mir die Polizisten erklärten, konnte es durchaus sein, dass jemand den Pass aus der Box genommen hatte. Auch Handys werden immer wieder aus den Boxen gestohlen, und was nicht gebraucht wird, wird einfach wieder weggeworfen. Da mein Pass biometrisch ist, hatte der Dieb wahrscheinlich bemerkt, dass er nicht brauchbar ist, und sich wieder seiner entledigt. Für mich war das ein grosses Glück.

Das Ehepaar, von dem die Frau mir meinen Pass gab, war neben mir gestanden, als ich nach Ushuaia eingecheckt hatte. Mir fiel auf, dass beide immer sehr nahe an meiner Seite waren und mein linker Arm sich ganz warm anfühlte, sodass es mir fast peinlich war. Eigentlich hatte mich das sogar ein wenig gestört. Später, als die Frau mir den Pass überreichte, überlegte ich, ob mir wohl eine höhere Macht diesen Schutzengel zugespielt hatte. Es war auch nicht das erste Mal; ich erinnere mich, dass mir in früheren Jahren zweimal so etwas Ähnliches passiert war. Komischerweise sah ich die beiden nie wieder, obwohl sie auch in mein Flugzeug nach Ushuaia eingestiegen waren.

Ich war hoffnungslos übermüdet, als mich das Taxi ins Hotel Mustapic brachte, und wollte nur noch alles hinschmeissen und mein Schlafmanko ausgleichen. Ich erwachte erst, als es schon wieder dunkel war, und raste in letzter Minute noch zum Supermarkt, um Lebensmittel zu kaufen. Hier im Süden Argentiniens war alles anders als im geordneten Australien. Die Gehsteige kaputt, keine Mittellinien auf den Strassen, und obwohl Rechtsverkehr herrschte, fuhren alle in der Mitte. Meistens mussten die Fussgänger warten, wegen denen hielt man doch nicht an! In den Auslagen präsentierten sich warme, währschafte Kleidungsstücke und Schuhe, die dem harschen Klima angepasst waren. Meiner Ansicht nach war das Leben hier viel anspruchsvoller und härter als in Australien.

Ushuaia ist ein niedlicher, sehr touristischer Ort. Umrahmt von hohen, spitzen Bergen ruht der Ort am Rand des Meeres fast am

183

Ende von Feuerland. Von den Gipfeln winkt ewiger Schnee, dem auch die tiefen Temperaturen zu verdanken sind.

So langsam schlich sich der Herbst ins Land. Kühle, stürmische Winde fegten schon die erstens farbigen Blätter von den Bäumen. Die Dimensionen hier sind ganz anders als in Australien. Die Häuser sind viel kleiner und massiver gebaut. Eng aneinandergereiht zieren sie, mit farbigen Fassaden lieblich verziert, die Strassen und tragen dazu bei, die Touristen zu begeistern. So verleiht die Stadt mit ihren zweiundachtzigtausend Einwohnern der Gegend einen ganz besonderen Touch.

Als ich am Morgen zur Post wollte, musste ich feststellen, dass sie leider nur bis Freitag offen war. Das Tempo, das hier in den Strassen und Läden herrschte, hatte ich in den letzten achtzehn Monaten verlernt und erinnerte mich an meine Jugend.

9.3.

In der Hoffnung, ich könnte nun eines meiner Pakete abholen, ging ich wieder zur Post, nachdem ich eine Benachrichtigung bekommen hatte. Zuerst schickten sie mich in ein anderes Gebäude, dann war das Paket noch nicht im Haus und der Beamte riet mir, in zwei Tagen wieder vorbeizukommen. Ja, ja, es ist hier viel komplizierter am Ende der Welt! Nichts funktioniert, alles ist in einem desolaten Zustand.

Ushuaia war voller Touristen, die sich durch die Strassen wälzten. Riesige Busse zwängten sich durch die engen Gassen und vom Meer her strömten Tausende der Schönen und Reichen von den Kreuzfahrtschiffen, die hier im Hafen für einige Stunden anlegten. Sie alle wollten in der kurzen Zeit die Läden stürmen, um etwas zu kaufen. Kalt blies der Wind durch die Stadt, deren Häuser eng aneinandergebaut sind, um so einen gewissen Schutz vor dem vom Meer kommenden Wind zu bieten.

Ich wollte am Mittwoch meine Bleibe wechseln, denn im hundert Meter entfernten Hostel kostete die Übernachtung nur ein Drittel von dem, was ich im Hotel bezahlte. Ich hatte noch etwas Mühe mit den Zahlen, denn in Argentinien lagen die Preise im vierstelligen Bereich. Um nicht darüber zu stolpern, musste ich ständig nachrechnen. Ich wollte am Nachmittag in den Suzuki-Laden gehen, da ich mir ein Motorrad kaufen wollte. Ich war zur Erkenntnis gekommen, dass die Andenpässe zu steil sind und mein Fahrrad zu schwer ist. Ich hoffte, dass ich eine Hundertfünfundzwanziger ergattern konnte. Obendrauf musste ich auch mein Fahrrad zum Fachmann bringen, denn beim linken Pedal war das Gewinde nicht mehr in Ordnung und ich hoffte, dass mir der Fahrradmechaniker behilflich sein könnte.

Der Motorradhändler schaute mich an und meinte: „Tut mir leid, aber ich kann Ihnen keine verkaufen, ausser Sie sind hier ansässig. Wir haben ein Gesetz, das es uns verbietet, an Touristen Motorräder zu verkaufen." Ich gab mich natürlich nicht damit zufrieden und fragte nach dem Grund. Ushuaia ist eine zollfreie Zone, daher dürfen nur Ortsansässige hier Motorräder kaufen. Wenn ich wolle, könne er mir aber eines vermieten. „Sonst fahren Sie nach Chile, die dürfen Ihnen eines verkaufen!" Ich erklärte ihm, dass ich bis nach Vancouver fahren möchte und es unmöglich sei, das mit einem gemieteten Motorrad zu machen.

10.3.

Ich musste noch immer auf meine Pakete warten, also schlenderte ich am Meer entlang. Die warme Sonne ohne den giftigen Wind lockte mich an das Ufer. Ganz unten am Hafen, fast am Ende der Stadt standen herzige Holzhäuschen, eines hübscher als das andere. Bei diesen Touristenfängern konnte man Expeditionen buchen und so wurde ich auch in eines gelockt: Fünfeinhalb Stunden lang würde das Schiff aufs Meer bis zu den Pinguinen fahren, und das alles um nur dreitausendfünfhundert Pesos, fünfzig Franken. Ich freute mich darauf, am Donnerstagmorgen an dieser Fahrt teilnehmen zu können. Eigentlich war es mir hier in Ushuaia zu langweilig und so kam mir diese Abwechslung sehr gelegen. Ich erhoffte mir, im Sechserzimmer im Hostel etwas mehr Kontakt zu haben, aber noch lieber würde ich weiterfahren.

12.3.

Um Punkt neun stand ich am Pier. Immer mehr Leute trudelten ein. Eine halbe Stunde später lief das Schiff aus. Wieder eine halbe

Stunde später erreichten wir Port Williams. In dem nach einem englischen Entdecker benannten Ort gibt es viele Kormorane, deren Gefieder schwarz-weiss ist und die einen riesigen Lärm veranstalten, wenn ein Schiff ankommt. Ihr klebriger Kot hat die Felsen mit einem weissen Farbton überzogen. Viel weiter draussen am Meer, auf einer kleinen Insel trafen wir auf die ersten Pinguine. Von den insgesamt achtzehn Pinguinarten leben nur sechs auf dem antarktischen Festland. Die grössten Pinguine können bis zu fünf Kilogramm wiegen.

Zwischen den lustigen Kerlen suhlten sich noch etliche männliche und weibliche Seelöwen auf den Felsen. Ein riesiger Lärm ging von den männlichen aus. Jeder wollte sich bemerkbar machen und bei den weiblichen Geschöpfen Eindruck erwecken.

Ob Südamerika für mich wohl ein Glückstreffer werden würde? Ich war ins Hostel Yakush gewechselt, dessen freundliche Atmosphäre ich dem Hotel Mustapic vorzog. Hier bezahle ich nur umgerechnet achtzehn Franken, inklusive Frühstück. Es war geheizt, sauber und die Leitung war sehr freundlich. „Myrtha", rief die Chefin, als ich nach dem Einkaufen wieder im Hostel eintraf. „Tengo un buen asunto para tí! Wenn du willst, weil du ja sowieso auf deine Pakete warten musst. Es gibt ein Schnäppchen zur Antarktis für nur dreitausendfünfhundert amerikanische Dollar für zehn Tage." Ich überlegte nicht lange und schlug zu, musste aber sofort wieder in die Stadt laufen, um mich im Reisebüro für die Reise anzumelden.

Mercedes, eine Angestellte des Hostels, schrieb mir die Adresse auf und zwanzig Minuten später traf ich im Reisebüro ein. Es dauerte eine ganze Stunde, bis alle Formalitäten erledigt waren. Als ich am nächsten Nachmittag mein Ticket abholen wollte, meinte die herzige Mitarbeiterin, ich müsse noch zum Arzt, weil ich die normale Altersgrenze von vierundsechzig Jahren überschritten habe und somit ein riskanter Fall für die Crew sei. Die hübsche Argentinierin sah, wie erstaunt ich war, und meinte, sie habe in der ganzen Stadt herumtelefoniert, bis sie einen Arzt gefunden habe, der mich nicht untersucht, sondern nur eine Unterschrift auf das Gutachten kritzelt. Unglaublich! Als ich hörte, was mich das kosten würde, nämlich nur achthundert Pesos, also sechzehn Franken, stimmte ich zu.

Die Angestellte schlug mir vor, noch am gleichen Tag beim Arzt vorbeizuschauen, und lud mich in ihr Auto, denn die Fahrt dorthin dauerte ihre Zeit. Ausser dass ich dem Arzt die Hand gab, ihn mit „buenas tardes" begrüsste, er seine Unterschrift aufs Papier kritzelte und ich mich mit „adiós, señor" wieder verabschiedete, passierte nicht viel. Nach fünf Minuten hatte ich mein Attest und war um achthundert Pesos leichter. Danach fuhr mich die Angestellte bis vors Hostel. Wow, so viel Grosszügigkeit in einem Land, wo alles so viel schwieriger ist! Das schätzte ich sehr.

15.3.

Am Morgen machte ich wieder meinen üblichen Gang zur Post. Zehn Minuten zu früh stand ich schon wartend vor dem Eingang. Der Postbeamte lächelte, als er mich sah, suchte im Computer nach der Nummer meines Paketes und meinte, es sei in vier Stunden da, ich solle am Nachmittag nochmals vorbeikommen. „Wann kommt das nächste, das ich vor vierzehn Tagen express aus Australien weggeschickt habe?", wollte ich noch wissen. „Creo el lunes", war seine Antwort. Ich konnte nur hoffen, dass es am Montag wirklich da sein würde.

Ich musste noch Desinfektionsmittel und Mundschutz für den Aufenthalt auf dem Schiff kaufen, um mich und meine Mitreisenden vor einer Ansteckung mit Corona zu schützen. Weiters brauchte ich eine Reisetasche, um die nötigen Sachen zu verstauen. In einem Geschäft, das Kleidung und andere Gegenstände für die Expeditionen vermietete, musste ich mich noch nach einer dicken Jacke und einer warmen Hose umsehen, denn in der Antarktis herrschen tiefe Temperaturen und mein Kleidung war dafür nicht geeignet.

Hier in Südamerika tickt das Leben anders als in den zivilisierten Ländern. Nichts funktioniert so richtig. Alles ist langsam, nur das Temperament und die Sprache sind schnell. Ich war gespannt, was ich im nächsten Jahr erleben würde.

187

Vier Stunden später, nachdem ich die Zeit in der Stadt verbummelt hatte, begab ich mich abermals zum Postgebäude. Tatsächlich war das Paket jetzt da, aber der Beamte stellte mir einen Zettel mit dem Vermerk aus, dass ich auf der Hauptpost die Zollgebühren von hundertneunzig Pesos zahlen müsse. Dann müsse ich mit der Quittung wieder zurück und könne endlich das ersehnte Paket in Empfang nehmen.

Im Hauptgebäude war ich die Siebzehnte in der Schlange. Das konnte noch heiter werden, denn so langsam wie es voranging, brauchte man starke Nerven! Es sind nicht die Menschen, die das kompliziert machen, sondern das veraltete System. Endlich war ich an der Reihe, und nachdem ich meine hundertneunzig Pesos bezahlt hatte, überreichte mir der Beamte eine Quittung, mit der ich wieder zum Paketgebäude laufen musste. Als ich dort angekommen war, holte der Beamte endlich mein Paket hervor und ein anderer Beamter schnitt es auf, um nachzuschauen, ob es nichts Unerlaubtes enthielt. Etwas genervt, aber zufrieden zog ich von dannen. Beim nächsten Paket würde ich mir diese Prozedur nochmals gefallen lassen müssen! Es ist doch in den zivilisierten Ländern um einiges leichter, die man besser erst bereist, wenn man die zurückgebliebenen besucht hat.

Im Hostel Yakush wurde das ohnehin schon hauchdünne Toilettenpapier nicht in die Schüssel geworfen, sondern in einen danebenstehenden Kübel. Auch durfte man im Lavabo keine Wäsche waschen, dafür gab es Wäschereien. Die Uhren sind hier am Ende der Welt noch um fünfzig Jahre hinten!

So fehlte es auch an Anstand gegenüber den Bewohnern. Am Wochenende fuhren viele Jugendliche die ganze Nacht in Autos mit lauter Musik und mit Motorrädern mit defektem Auspuff durch die Gassen. Auf meine Frage, was in der Nacht los gewesen sei, meinte der Nachtwächter des Hostels: „Das ist normal bei uns." Die Polizei unternahm nichts dagegen, obwohl Polizeiautos und Polizisten zu Fuss patrouillierten. Ich war gespannt, ob das bis Mexiko so bleiben würde. Zebrastreifen waren zwar vorhanden, aber die Ampeln fehlten, und so hiess es selber aufpassen. Zwei

Drittel der Autofahrer halten nicht, und wer nicht selber aufpasst, wird überfahren.

16.3.

Was für eine unglaubliche Geschichte! Seit zwei Tagen hatte ich das Ticket für die Fahrt zur Antarktis im Sack und am Morgen erreichte mich ein E-Mail, dass ich mich im Reisebüro melden müsse. Es gebe nur mehr ein kleineres Schiff zur Antarktis, denn viele potentielle Gäste hätten wieder einen Rückzieher gemacht. Ich solle am Nachmittag um vierzehn Uhr nochmals im Büro vorbeikommen.

Dort wurde ich ein zweites Mal vertröstet und sollte um neunzehn Uhr nochmals vorbeischauen, denn sie wüssten nicht, ob das kleinere Boot überhaupt in den Hafen einfahren dürfe. Die Aufregung über die Coronakrise hatte immer mehr zugenommen und die verwirrte Regierung wusste nicht, ob sie die Fahrt zur Antarktis genehmigen sollte. Am Abend kam dann die ernüchternde Nachricht, dass auch diese Reise storniert wurde. Die nette Reiseleiterin versprach mir, mein Geld zurückzuerstatten. Im Reisebüro rieten sie mir ausserdem, nach Hause zu fliegen, denn es würden alle öffentlichen Institutionen bis auf weiteres geschlossen werden.

17.3.

Am Morgen gab die Hostel-Leitung bekannt, dass alle Gäste das Gebäude bis zum Abend verlassen müssten, die Polizei werde vorbeikommen, um das Hostel zu schliessen. Für mich hatte die hilfsbereite Mercedes ein teures Hotel für eine Nacht gefunden und für danach eine private Bleibe in einer weiter draussen gelegenen Unterkunft. Keiner wusste, wie lange die Massnahmen dauern würden, denn die Regierung erliess von einer Stunde auf die andere neue Verordnungen. Sie wollte alle Touristen in andere Länder oder nach Hause ausfliegen. Der Flughafen war hoffnungslos überlastet und es konnte Tage dauern, bis man einen Flug erhielt, wenn nicht das gewählte Zielland die Flüge schon gestrichen hatte.

Ich entschied mich dazu, zu bleiben und in meinem Zimmer auszuharren, in der Hoffnung, dass das Ganze bald ein Ende haben würde. Die Ansteckungsgefahr war meiner Meinung nach am Flughafen und im Flieger grösser. Ariel, der Besitzer meiner Unterkunft, bot mir an, für mich die Lebensmittel zu besorgen. Als Gegenleistung wollte ich ihm seinen Haushalt in Ordnung bringen. Seine Frau und seine vier Kinder wohnten einige Strassen weiter weg.

Ich wollte die Zeit nutzen, um fernzusehen, zu lesen und mein Spanisch aufzubessern. Für mich eine verworrene Situation, denn mein zweites Paket mit den Winterkleidern war noch immer auf der Post, und weil bis zum 31. 3. alle öffentlichen Einrichtungen geschlossen waren, konnte ich mein Paket nicht entgegennehmen. Das war schon mal ein Grund, um im Land zu bleiben. Ich war gespannt, was in den nächsten Tagen alles geschehen würde.

Am Morgen ging ich spazieren, was eigentlich auch nicht erlaubt war, aber da mein Blutdruck immer etwas zu tief ist, brauchte ich eine bisschen Bewegung. Ich sah, dass mich die Bewohner des Viertel fragend anschauten. Da die Bestimmungen immer strenger wurden, getraute ich mich dann auch nicht mehr, einen kleinen Ausflug zu machen. Jammerschade, denn die Sonne schien und das Gehen würde auch dazu beitragen, dass es den Menschen besser geht. Vitamine waren sowieso Mangelware.

Der Besitzer des Hauses hatte ein altes Motorrad im Garten stehen. Ich durfte einmal darauf sitzen, leider waren meine Beine um fünf Zentimeter zu kurz. Also würde ich mir einen niedrigeren fahrbaren Untersatz anschaffen müssen.

Die Lage verschärfte sich und alle, die mich kannten, rieten mir, nach Hause zu fliegen, da die medizinische Versorgung in der Schweiz besser als in Argentinien sei. Ich meldete mich beim Eidgenössischen Departement für auswärtige Angelegenheiten und wartete auf einen Flug in die Heimat. Zum Glück hatte ich schon Freunde in Ushuaia, zum Beispiel Mercedes, die Angestellte des Hostels. Sie versprach mir zu helfen. Ich durfte alle Sachen bei ihr lassen, und wenn das Hostel wieder öffnet, würde sie mein Fahrrad, das ich bei Ariel lassen durfte, abholen. Mein Ziel war es, sobald die Seuche vorbei war, nochmals zu starten und den schönen Kontinent zu bereisen.

Ich wusste, dass viele Menschen für mich beteten, dass der Coronavirus an mir vorbeizieht und ich das Glück habe, dieses Elend zu überstehen. Wie recht doch ein Australier hatte, der tief im Regenwald, fernab der Zivilisation wohnte und mir erklärte, dass viele Menschen sterben würden und es eine neue Welt geben werde! Dass es allerdings so schnell gehen würde, hätte ich nie geglaubt! Ja, es gibt halt nicht nur den Aufschwung, es gibt auch immer wieder Niederlagen.

Da Ariel arbeitete, getraute ich mich, an den sonnigen Tagen vor dem Haus zu sitzen und zu lesen. Die Herbstsonne würde mir die Vitamine spenden, die ich brauchte, vor allem da meine Zeit im Freien so beschränkt wurde. Ansonsten sass ich im Zimmer, las und lernte Spanisch. Einmal am Tag rannte ich auch zehnmal ums Haus, so konnte ich meine Muskeln etwas aufbauen und die Lunge stärken.

Ich sprach mit Ariel über die Lage und er meinte, dass es noch Monate dauern könne, denn jetzt komme der Winter, damit die feuchte Zeit und somit auch die Hochsaison für die Viren. Er arbeitete beim Telefonnotdienst und meinte, ich müsse noch lange warten, bis sich die Grenze nach Chile wieder öffne. Wie lange ich das aushalten würde, wusste ich nicht, denn die sportliche Betätigung fehlte mir sehr. Zudem verlor ich meine Muskeln und würde daher nachher wieder bei null anfangen müssen. Unfreiwillig im Gefängnis! Die mangelnde Bewegung war ein tiefer Einschnitt in meinem Leben.

Am Abend stellte mir Ariel seinen Fernseher ins Zimmer. Er meinte, damit es mir nicht so langweilig sei. Eine schöne Geste, vor allem wenn man weiss, dass er sich mit einem viel kleineren zufriedengeben musste. Ausserdem sagte er mir, dass ich weder für das Zimmer noch für die Lebensmittel zahlen müsse. Ich könne ja nichts für diese Situation. „Oh Ariel, das will ich nicht, ich werde dir alles zurückzahlen, sobald ich an einen Bankautomaten komme." Es ist unglaublich, wie grosszügig diese Menschen sind, die selber nichts haben.

Zu meinem Schreck bekam ich ein Mail von meiner Bank, dass jemand Geld von meinem Kreditkartenkonto abgehoben habe. Eiligst sperrte ich die Karte bei der Bank in Zürich. Das Schlimmste daran war, dass mir keine neue Karte mehr nachgeschickt werden konnte, da die – wie alles andere – weiss der Kuckuck wann oder überhaupt nicht ankommen würde. Der Stress ging weiter, denn ich versuchte, die Karte neu zu programmieren, aber das war nicht möglich, ausser die Dame der Swiss Bankers würde sie mir wieder entsperren. Dann könnte ich die Karte per App selber sperren und entsperren.

Es war wieder Abend, die Nachbarshunde waren draussen und bellten um die Wette. Viele Schäferhunde mit einem tiefen Bellen und niedliche Kleine, die miteinander konkurrierten. So ging es jeden Abend zu. Leider gab es in Ushuaia zirka fünfzig herrenlose Hunde, die in der Stadt umherstreunten und auch viel Unruhe bei den in den Gärten gehaltenen Hunden auslösten. Oft bellten die Hunde bis weit nach Mitternacht, was ein Einschlafen unmöglich machte.

Ich fragte Ariel, ob ich nicht seinen Rasen mähen könne, um mich so ein wenig draussen zu betätigen. Er meinte: „Wir machen das morgen zusammen." Tatsächlich hielt er Wort. Der Rasen war so hoffnungslos hoch, dass es unmöglich war, mit dem winzigen elektrischen Mäher zu arbeiten. Daher schnitt Ariel mit dem Kantenschneider zuerst das Gras auf die Hälfte runter. Trotzdem hatte ich noch meine grösste Mühe damit, das Gras auf die normale Höhe zu kürzen, denn der schwache Mäher schaltete sich ständig ab und ich musste das nasse Gras, das das Messer blockiert hatte, wieder entfernen. Als ich einen Rechen verlangte, schaute mich Ariel gross an und brachte mir einen ausgeleierten, alten Nylonbesen. Ich hatte die grösste Mühe, das viele Gras damit zusammenzurechen, das so dick lag, dass ich kaum den darunterliegenden Rasen sehen konnte.

Nach drei langen Stunden, und nachdem mein linker Arm fast abgefallen war, sah die ganze Fläche viel besser aus. „Du kannst morgen nochmals mit dem Rasenmäher die ganze Wiese nachmähen", meinte mein Vermieter, „und hinter dem Haus gibt es auch noch ein Stück Rasen." So beschloss ich, von nun an den Rasen zweimal die Woche zu mähen, um diese riesige Arbeit ein wenig angenehmer zu machen. Schon nach einer Woche hatte Ariel den schönsten Rasen im ganzen Viertel und ich war stolz, doch etwas Vernünftiges getan zu haben. Und vor allem konnte ich mich an der Sonne und im Freien bewegen.

Am nächsten Morgen war dann die Schweizer Botschaft am Apparat. Die freundliche Mitarbeiterin erklärte mir, dass am Ostersonntag ein Bus um drei in der Früh von Ushuaia nach Buenos Aires fahre. Ich hatte den ganzen Tag damit zu tun, Formulare auszufüllen und per WhatsApp zu telefonieren.

13.4.

Ein Angestellter des Reisebüros sagte mir, dass ich das Billet für die Fahrt nach Buenos Aires im Bus lösen könne. Das stelle sich dann allerdings als falsch heraus, denn am Abend, bevor wir zur Busstation mussten, klingelte es an meiner Tür. Draussen stand Jens, ein Deutscher, der gleich um die Ecke wohnte, und fragte mich, ob ich schon ein Ticket für den Bus habe. „Nein", war meine Antwort, „das kann man ja im Bus lösen." „Nein", erwiderte er, „du musst es im Reisebüro in der Stadt kaufen!" Ich erklärte ihm, dass ich Ausgangssperre habe. Er entgegnete: „Wenn du mit Kreditkarte zahlen musst, dann geh einfach, Ausgangssperre hin oder her." Also schlüpfte ich in die Jacke, zog einen Mundschutz über und Jens überreichte mir einen Plan, wie ich am schnellsten zu diesem Büro kommen könne.

Jens und ich vereinbarten, zusammen in die Stadt zum Busterminal zu gehen, was aber kurz vor zweiundzwanzig Uhr verboten wurde. Also musste ein Taxi organisiert werden, das uns um zwei in der Früh bei unserer Unterkunft abholen sollte. Laut Anweisungen hätte jeder ein eigenes Taxi nehmen müssen, doch es kam anders. Der Taxifahrer fuhr alleine vor und meinte, er wisse schon, wo die Kontrollen seien und es komme uns zu zweit billiger. Ich staunte, wie ehrlich er war, hatten sie doch alle nur geringe Einnahmen und er hätte die Chance nutzen können, mehr zu verdienen. Elegant umfuhr er alle Kontrollen. So was findet man nur in den armen Ländern, wo das Prestigedenken noch im Hintergrund schlummert.

Ich hatte das grosse Glück, dass mir Mercedes einen kleinen Rollkoffer borgte. Ich nahm nur das Nötigste mit. Meine Packtaschen durfte ich im Hostel deponieren und mein Fahrrad blieb bei Ariel. Mercedes würde auch für mich das Paket holen, das noch immer auf der Post wartete. So viel Hilfsbereitschaft war eine Gnade.

14.4.

Pünktlich um drei in der Früh startete der Bus der Gesellschaft Marga Taqsa. Nun reiste ich mit fünfzig anderen aus vierzehn Nationen nach Buenos Aires. Geschlafen und gegessen wurde im Bus, für Essen und Getränke mussten wir selber sorgen. Chile verbietet es, Früchte, Gemüse und Käse einzuführen. Kurz vor der Grenze sagte allerdings der Chauffeur, dass diese Lebensmittel doch eingeführt werden dürfen. Es war unglaublich, wie schwerfällig und unklar das System war, keiner gab weiter, wie die neuen Verordnungen lauteten. So gab es viele Fehler und Unsicherheiten, Zeit ging verloren und die ständigen Unklarheiten erschwerten das Reisen.

Ein Polizeiauto begleitete uns bis weit über die chilenische Grenze hinaus, dann endlich liess es uns alleine. Bei einem Busterminal der Gesellschaft wurde der ganze Bus desinfiziert und wir wurden für eine Stunde entlassen, aber ausser einem grossen asphaltierten Platz gab es nur einen herrenlosen Schäferhund, der uns zum Spielen aufforderte. Also warfen wir ihm Steine zu, denen er dann nachrannte. Dann wartete er, bis man bei ihm ankam und sie dann wieder weiterwarf. So gab es Bewegung und das Ausharren im kalten Abendwind verlief etwas angenehmer.

Wieder fuhr der Bus auf der ganz geraden Strasse, die mich zum Radeln eingeladen hätte, in die dunkle Nacht hinaus. Ich bewunderte die beiden Chauffeure, wie ruhig sie den Bus fuhren. So ganz einfach war es nicht, denn es gab nicht nur Asphalt, sondern auch viele Kilometer Schotterstrasse auf dem Weg nach Buenos Aires.

Irgendwann wurde es in der Nacht unruhig. Ich ging zur Toilette, um nachzuschauen, was da los war. Aha, die WC-Schüssel war bis oben mit einer braunen Brühe gefüllt und drohte jeden Moment überzuschwappen. Ein Passagier meldete die Verstopfung dem Fahrer, bald stoppte der und zwei Männer beseitigten das Problem.

Nun fuhren wir schon den zweiten Tag durch Argentinien, die Gegend war ganz flach und nur mit niedrigem Gebüsch bedeckt. Ab und zu stand irgendwo eine kleine Siedlung oder es gab eine Polizeikontrolle. Nur dass es keine Termitenhügel und rote Erde gab, erinnerte mich daran, dass wir nicht in Australien waren. Es lag auch kein Müll am Strassenrand, sogar in den Dörfern und Städten wurden die Strassen überall mit Besen gereinigt und der Abfall mit einer Schubkarre weggeführt. Nirgends sah man Papier, Plastik oder Dreck, alles wurde von vielen Arbeitern beseitigt. Es gab auch keine Maschinen, die mit viel Lärm die Gegend störten.

Was mich auf der langen Fahrt von Ushuaia nach Buenos Aires ganz besonders freute, war, dass kein einziges totes Tier am Strassenrand lag. Endlich, nach zweieinhalb Tagen kamen wir in der grossen Hauptstadt an und wurden ins Hotel Own Madero verfrachtet. Eigentlich sollten wir laut Schweizer Botschaft am Freitag mit der Gesellschaft Edelweiss in die Heimat fliegen, was aber um einen Tag nach vorne verschoben wurde. Mir war es egal, denn ich befand mich auf der siebenten Etage und die Stadt war wegen der Ausgangssperre so still, dass ich endlich meinen versäumten Schlaf nachholen konnte.

Von meinem Zimmerfenster aus konnte ich einen Teil der Stadt sehen und staunte, wie wenige Lichter brannten. Die Häuserblocks machten einen alten Eindruck auf mich und viele waren sanierungsbedürftig. Für mich erinnerte das Bild an die DDR in den Achtzigerjahren.

19.4.

Endlich war der grosse Tag gekommen! Pünktlich um zwölf holte mich das Taxi zum Flughafen ab. Auf dem Weg dorthin, auf dem es immer wieder Kontrollen gab, musste einiges an Papieren und der Pass vorgewiesen werden und deshalb verging viel Zeit mit Warten. Trotzdem erreichte mein Taxifahrer den Flughafen nicht erst nach eineinhalb Stunden, wie vorausgesagt worden war. Die Aufregung vorher war viel grösser gewesen als die tatsächlichen Schwierigkeiten.

Da das Flugzeug vier Stunden Verspätung hatte, standen wir viele Stunden in einer Reihe mit zwei Metern Abstand, bis wir endlich in der Abflughalle einen Sitzplatz bekamen. Ich war erstaunt, wie eng wir im Flugzeug sitzen mussten, obwohl es noch freie Plätze gab. Ich hatte zudem das grosse Pech, dass ich neben einem sehr grossen, stämmigen Mann platziert wurde, der die Hälfte meines Sitzes benötigte und ich deshalb mit meinem rechten Arm und Bein fünfzehn Stunden lang mit ihm auf Tuchfühlung bleiben musste.

Für mich war das unverständlich, da auf dem Flughafen vehement darauf geachtet wurde, dass der Abstand eingehalten wird. Dann gab es auf dem Flughafen in Zürich wieder dasselbe Spektakel mit dem Abstand und noch lächerlicher war, wie nervös die Polizei reagierte.

Es war Abend, als ich endlich in meiner kleinen Wohnung eintraf. Hier musste ich nochmals vierzehn Tage in der Quarantäne ausharren, bis ich wieder meine Freiheit erlangte. Ich hoffte, bald wieder nach Südamerika zu reisen, um meine Reise fortsetzen zu können, und freute ich mich schon darauf.

Nach der Pandemie

Es war eingetroffen, was die warnenden Digitaltafeln an den Strassenrändern und die vielen Blitze schon vor vier Tagen angekündigt hatten. Der Zyklon, der von Süden her über den roten Kontinent fegte und dann zwischen Cairns und Cooktown tobte, traf auch die Cow Bay. Mit neunzig Stundenkilometern und fliegendem Regen rüttelte er an allen Ecken und Enden. Er fällte Bäume und riss alles mit sich, was nicht fest verankert war.

Lilli, die schon einmal einen solchen Sturm erlebt hatte, brachte alles, was sie konnte, ins Haus. Grössere Gegenstände wurden am Haus festgemacht. Alle Tierlaute waren verstummt. Ob wohl die vielen Jungvögel dieses Szenario überleben würden? Ein dicker Nebel umhüllte die gebeutelte Gegend und der trockene, braungebrannte Rasen hatte sich über Nacht in einen grünen Teppich verwandelt. Inzwischen waren schon vierundzwanzig Stunden vergangen und noch immer prasselte der schwere Regen auf die dürstende Erde, die sich inzwischen in einen See verwandelt hatte. So viel Nass konnte in einer so kurzen Zeit die steintrockene Erde nicht genug aufweichen, damit das Wasser in tiefere Schichten eindringen konnte. Leider waren die Fenster nicht dicht genug und der Regen drang durch die Ritzen ins Innere. Mit Tüchern versuchten wir das Schlimmste zu verhindern.

Ein Blick aus dem Fenster verriet mir, dass das viele Wasser, das da den Berg runter lief, direkt auf Lillis Haus zufloss – das leider am tiefsten Punkt stand – und nun dort einen See bildete.

Immer wieder beruhigte sich der Sturm und minutenlang stand die Zeit still. Doch dann raste eine neue Böe über die gepeinigte Gegend und die Natur meldete sich von Neuem.

Lilli meinte, dass das noch einige Tage dauern werde. Sie hatte recht und inzwischen waren wir Weihnachten einen Tag nähergekommen. Der Regen fiel noch immer in riesigen Mengen. Auch das leise Stossgebet meiner Freundin schien keine Wirkung zu haben. Da sie keinen Generator hatte und die Solaranlage von der Sonne abhängig war, wurde die Lage langsam schwierig. Eine kleine Regenpause heute Morgen zeigte das Ausmass der Verwüstung, denn überall lagen grosse und kleine Äste und Kokosnüsse auf der Strasse.

Um mein Handy zu aktivieren, lief ich trotz der zerstörten Strasse bis zum Crocodylus, auch um dort einen Kaffee zu trinken. Ein Arbeiter, der dort am Eingang riesige Äste zerkleinerte, um Platz zu schaffen, hinderte mich daran vorbeizugehen und daher machte ich einen Umweg über ein kleineres Strässchen. Auf einmal sah ich die Besitzerin des Crocodylus, die sofort anfing mich anzuschreien. Was ich hier zu suchen habe und ich habe ja sowieso letzte Nacht hier gratis übernachtet. Was überhaupt nicht stimmte. Ruhig erklärte ich ihr, dass ich bei einer Schweizerin lebe und nur gekommen sei, um einen Kaffee zu trinken. Sie glaubte mir nicht und behauptete, ich sei obdachlos, treibe mich hier herum und suche nach einer Übernachtungsmöglichkeit. „Scher dich zum Teufel!", schrie sie und machte ein Foto von mir. Unglaublich, dass sie mich nicht mehr erkannte, denn ich hatte vier Tage zuvor zwei Nächte bei ihr im Ressort übernachtet. Sie hatte mich sogar selber bewirtet. Sie jagte mich wie einen wilden Hund auf die Strasse und beobachtete mich, bis ich aus ihren Augen verschwand.

Bei Lilli angelangt, meinte diese, die Fähre sei auch geschlossen und somit seien wir auch von Mossman abgeriegelt, der einzigen Möglichkeit, um zu einem Supermarkt und den anderen Geschäften zu gelangen. Ausser Bücher zu lesen war den ganzen Tag nicht viel anderes zu machen, als die kurzen sturmfreien Momente zu nutzen, um Äste zu sammeln, kleine Bäume zu stützen und zu hoffen, dass Petrus bald wieder die Sonne nach draussen hängen würde. Dass es noch schlimmer werden würde, merkte ich erst am Abend, denn wir konnten kein Licht mehr anmachen und keine

Toilette mehr spülen. Pinkeln ins Glas war angesagt. Kerzen und Taschenlampen waren nun im Einsatz.

Momentan war es so düster, als würde die Welt untergehen, obwohl es schon morgens um sieben war. Überall waren Wasserlachen und ich staunte, wie schnell sich doch die Natur wieder erholte. Für lange Zeit würden nun Tiere und Pflanzen vom Durst erlöst sein.

16.12.

Noch immer weinte der Himmel, und das nun schon den vierten Tag. Laut Wetterprognosen sollte es noch bis zum 21.12. so bleiben. Ich hatte keine Ahnung, wann ich die Cow Bay verlassen konnte. Seit Stunden schüttete es schon ununterbrochen und wir hatten siebenundneunzig Prozent Luftfeuchtigkeit. Die Wasserpumpe arbeitet wegen des Stromausfalls schon lange nicht mehr, der Urin ging ins Glas und das andere Geschäft spülten wir mit Regenwasser das WC runter. Als es am Abend dämmerte, packte ich einen Eimer und füllte ihn mit Regenwasser, um mich einer Katzenwäsche zu unterziehen. Not macht erfinderisch. Da wir nur noch Kerzen und Taschenlampe besassen, machten wir es wie die Hühner und verzogen uns ins Bett, wenn es dunkel wurde. Ich hatte schon lange nicht mehr so viel geschlafen wie in den letzten Tagen. Langsam sehnte ich mich nach blauem Himmel und Sonnenschein.

17.12.

Es schien, als würde die Welt untergehen, der Himmel wies nur noch eine graue Decke auf und es regnete pausenlos in Strömen. Mir taten all die vielen Tiere leid, die nirgends mehr ein trockenes Plätzchen fanden. Ausser Ausharren und Hoffen gab es keine andere Möglichkeit. Mein Handy hatte nur noch wenig Power, und wenn die versiegte, war ich ohne jeden Kontakt. Auch bei Lilli war es so. Im Moment hatten wir noch genug zum Essen, aber in den nächsten Tagen müssten wir Lebensmittel besorgen, sonst würde es schwierig werden.

18.12.

Viele aufeinanderfolgende Blitze erhellten den nächtlichen Himmel. In weiter Ferne ertönte ein tiefes Donnergrollen. Viele Stunden lag ich wach und meine Gedanken kreisten um meine Weiterreise. Unaufhörlich, und das nun schon seit sechs Tagen, prasselte der Regen herunter. Eine halbe Stunde lang schien das Schlimmste vorüber zu sein und schnell stiegen wir ins Auto, um an den Strand zu fahren. Lilli musste um viele heruntergefallene Äste herumkurven. Das Meer toste mit hohen Wellen ans Ufer, das sogar vom Wasser unterspült wurde. So schritt die Erosion weiter voran und frass täglich einige Zentimeter des Ufers weg. Nur alte, grosse Bäume mit tiefen Wurzeln hielten diesem Naturphänomen stand.

Die Lage wurde immer schwieriger und langsam zweifelte ich daran, dass ich Weihnachten bei Kenneth und Lesley feiern würde. Mit so viel Niederschlag war es auch nicht möglich, dass die Fähre bis Donnerstag wieder in Betrieb sein würde. Zum Glück gab es auf unserer Seite noch einen kleinen Tante-Emma-Laden, den wir aufsuchen wollten, falls es die vielen Creeks, die wir überqueren müssten, überhaupt zuliessen. Ob dann dort noch Lebensmittel vorhanden sind, war die nächste Frage. Es waren ja nicht nur wir zwei, die auf dieser Seite der Fähre wohnten.

Lilli hatte mich gewarnt, dass ich nicht zum Briefkasten gehen solle, der vorne an der Strasse stand, denn es könnten Krokodile im hohen Gebüsch und im Wassergraben lauern. Dem war nicht so, ich traute mich trotz der Warnung nach vorne zur Strasse zu gehen und da war nichts.

Am Nachmittag verliessen wir unser Areal, um im Daintree-Laden einkaufen zu gehen. Wie vermutet, gab es ausser einigen Süssigkeiten, Nüssen und Eiscreme nichts mehr. Auf dem Weg dorthin erfuhren wir, wie heftig der Zyklon gewütet hatte. „Fähre geschlossen" stand auf einem blinkenden Schild. Ein Einheimischer im Laden mutmasste, dass es bestimmt noch eine Woche dauern würde, bis die Strassen geräumt sind und die Fähre wieder fährt. Auch der Flughafen in Cairns war geschlossen und so hiess es für mich, dass ich noch länger in der Cow Bay ausharren musste. Ich falle ungern anderen Leuten zur Last. Ich half, so gut ich konnte, um die Zeit des ständigen Regens zu verkürzen.

Der Daintree-Fluss, über den die Fähre geht, war um fünfzehn Meter angestiegen. Viele Häuser standen unter Wasser und die Menschen mussten mit Helikoptern evakuiert werden. Nachdem es heute Morgen nur sehr wenig geregnet und sogar die Sonne für kurze Zeit zwischen den Wolken hervorgeblinzelt hatte, setzte am Abend wieder heftiger Regen ein. Ich hoffte, dass es nicht wieder die ganze Nacht regnen würde. Langsam verlor ich meine Lust daran, hier im Regenwald zu bleiben.

Wie durch ein Wunder blieb es diese Nacht mehrere Stunden lang trocken. Zwischen alle den vielen grauen Wolken entdeckte ich um sechs Uhr früh ganz kleine blaue Flecken.

„Was schwimmt denn da im Wasser?", rätselten wir beide, als wir einen braunen aufgeblasenen Körper in den Wellen am Ufer der Cow Bay sahen. Erst beim zweiten Hinsehen entdeckten wir, dass es eine Kuh war. Vermutlich war sie im Sturm umgekommen.

Bei uns beiden wurde die Lage immer ungemütlicher, denn seit der Regen nachgelassen hatte, versickert das Wasser, das vorher zu einem kleinen See angeschwollen war, im aufgeweichten Boden. Leider waren die Batterien der Fotovoltaikanlage auch nicht aufgeladen. Also hatten wir weder Wasser noch Strom. Lillis Nerven waren am Ende und ich beschloss, bei Kornelius anzuklopfen, ob er mich nochmals aufnimmt, bis die Fähre wieder in Betrieb ist.

Bei ihm hatte ich viel Arbeit. Hiess es doch, all die vielen Blätter und Äste, die der Sturm abgerissen hatte, aus dem riesigen Areal zu rechen, damit der Rasenmäher nicht ständig verstopft wurde. Rund um seine beiden Häuser waren Bäume umgefallen oder standen so gefährlich schief, dass sie gefällt werden mussten.

20.12.

Die Odyssee hörte nicht auf, die Zeit meiner Ausreise rückte näher und noch immer war die Fähre nicht in Betrieb. Am Strand erfuhren wir, dass es ein privates Boot gebe, das von Cape Tribulation bis Port Douglas fahren sollte. Von dort müsste ich in ein anderes Wassertaxi nach Cairns umsteigen. Wir wollten nach Cape Tribulation fahren, um dort mehr zu erfahren. Daran hinderte uns aber ein riesiger Haufen Erde, der auf der Strasse lag, die durch den Wald führt.

Zurück ging's in die Cow Bay. Zum Glück fanden wir eine Besenbeiz, die noch offen war und in der auch viel los war. Kornelius traf einen Mann, der uns weiterhelfen konnte und meinte, wir sollten online buchen und das Schiff gehe am Donnerstagmorgen um neun Uhr früh. Zu Hause machte Kornelius sich sofort an die Buchung, allerdings sollte ich schon um acht Uhr am Ufer stehen.

Am Donnerstagmorgen standen wir da, aber es gab weit und breit kein Schiff. Kornelius lief zum Auto zurück, um nochmals auf seinem Handy nachzuschauen. Mit besorgtem Gesicht kam er zurück und meinte, er habe falsch gelesen, das Schiff gehe erst am Freitag. Also fuhren wir wieder nach Hause und ich wechselte meine Kleidung, um wieder Laub zu rechen, wie ich das schon am Vortag sechs Stunden lang gemacht hatte. Ich war auf dem grossen Grundstück alleine, denn Kornelius musste hoch oben am Berg die Wasserleitung flicken, die ein heruntergefallener Baum beschädigt hatte.

Als Kornelius vom Berg herunterkam, sagte er, dass wir in zwei Tagen fünftausend Liter Wasser verbraucht hätten, obwohl ich nur einmal am Tag duschte und meine Unterwäsche im Regenwasser ohne Seife wusch. Mein Oberhaupt meinte, da müsse neben dem kleinen Loch, das er oben beim Tank gefunden hatte, noch irgendwo ein grosses sein. Entweder war das Plastikrohr von einer Ratte angeknabbert oder von einem Ast beschädigt worden.

Ich hatte nicht damit gerechnet, dass ein Fremder daherkommen würde, während ich mich am Abend vom Staub reinigte und splitternackt unter dem kalten Wasserstrahl meine Abkühlung genoss. Obwohl ich ihm „just a moment" zugerufen hatte, kam er ums Haus geschlichen und fragte nach dem Hausherrn. Wir lachten beide und ich schickte ihn ins obere Haus.

21. 12.

Lilli kam vorbei. Sie hatte im Ladies Circle erfahren, dass um acht Uhr am nächsten Morgen ein Boot nach Cairns fahren werde, und gab mir die Telefonnummer. Ich verglich sie am Abend mit der, die Kornelius hatte, und tatsächlich, die beiden stimmten überein.

22. 12.

Um sieben Uhr dreissig standen Kornelius und ich unten am Strand und warteten auf das Schiff. Immer mehr Menschen mit Hunden und grossen Koffern versammelten sich am Ufer. Einige Einheimische badeten vergnügt im Wasser, als plötzlich eine Frau hysterisch zu schreien anfing: „Get out of the water!" Ein ausgewachsenes Krokodil schwamm gefährlich nahe am Ufer. Vermutlich wollte es sich an der verwesenden Kuh genüsslich tun. Pünktlich um sieben Uhr fünfundvierzig tauchte ein Schiff in der Ferne auf. Als es näher kam, sahen wir, dass das Schiff voll mit Lebensmitteln war und zuerst entladen werden musste. Da das Schiff nicht ganz bis ans Ufer fahren konnte, mussten wir mit unserm Gepäck durchs knietiefe Wasser waten.

Drei Stunden später erreichten wir Cairns. Jetzt ging die Sucherei los. Zuerst musste ich mich durchfragen, wo ich ein Touristenbüro finde. Man schickte mich zu einem Reisebüro, dort wurde ich freundlich empfangen und auch sehr gut bedient. Die nette Frau, der ich zehn Dollar zusteckte, buchte mir auch gleich einen Greyhound-Bus nach Townsville. Bis zur Abfahrt vergnügte ich mich im riesigen Einkaufszentrum und kaufte Lebensmittel und neue Kleidung.

Lesley und Kenneth warteten schon am Busterminal in Townsville, als wir einfuhren.

Fünf Anläufe brauchte es, bis Myrtha Kaufmann im November 2022 nach Ushuaia fliegen konnte, um dort ihr Fahrrad abholen und den ausgeliehenen Rollkoffer zurückgeben zu können. Sie übernachtete wieder bei Ariel, der sie während der Coronakrise aufgenommen hatte. Enttäuscht musste sie feststellen, dass die Hunde während ihrer Abwesenheit Ständer, Schutzblech, Pedale undSchloss angenagt hatten.

Im Oktober 2023 versuchte Myrtha Kaufmann nochmals den roten Kontinent durch den Outback zu durchqueren; dieses Mal wollte sie mit einem gebrauchten Rad von Darwin nach Adelaide fahren. Die Hitze und das überladene Rad brachten sie dazu, den Versuch abzubrechen, ab Katherine das Rad gegen einen Rollkoffer einzutauschen und die weitere Reise mit Bus und Flugzeug fortzusetzen.

In Port Lincoln besuchte sie Jenna und Rob, dessen Vater sie auf ihrer ersten Reise durch Australien spontan auf seine Farm eingeladen hatte. In Perth traf sie sich mit Margrit, der Schweizerin aus dem Dorf ihrer Tochter, die vor Jahren nach Australien ausgewandert und Myrtha bei ihrer ersten Reise behilflich gewesen war. In Bremer Bay besuchte sie die mittlerweile achtundachtzigjährige Barbara, die sie damals bei ihrem Einspruch gegen die Verkehrsstrafe unterstützt hatte. Ganz nebenbei befreite Myrtha Barbaras Garten von Unkraut.

Von Cairns aus nahm sie den Bus zur Cow Bay, von wo sie Kornelius abholte. Wie zuvor suchten sie mehrere Strände mit dem Boot auf und befreiten diese von Abfall. Zurück in der Cow Bay besuchte sie Lilli, eine andere nach Australien ausgewanderte Schweizerin, wo sie dann vom Zyklon überrascht wurde. Die oben angeführten Tagebucheinträge handeln von dieser Zeit.

In Townsville wohnte Myrtha bei Lesley und Kenneth, mit denen sie auch auf einer Party auf der Magnetic Island war. Das Ehepaar, bei dem sie damals auf der Insel gewohnt hatte, konnte sie nicht mehr kontaktieren, die Telefonnummern waren nicht mehr gültig.

Jenny und Steve, mit denen sie sich immer wieder auf ihrer ersten Reise durch Australien getroffen hatte, besuchte Myrtha in Sydney, Nancy, die sie in Hobart, Tasmanien, kennengelernt hatte, in Melbourne.

Von Adelaide flog Myrtha über Melbourne und Auckland nach Invercargill auf der Südinsel Neuseelands und verbrachte noch einige Wochen, zum Teil mit einer Freundin aus Bregenz, in Neuseeland. Belinda, die sie bei ihrem ersten Aufenthalt in Neuseeland kennengelernt hatte, konnte sie leider nicht mehr treffen.

Danke

Mein Buch entstand, weil mich viele Freunde und Bekannte im In- und Ausland aufgefordert haben, doch meine Erlebnisse in einem Buch festzuhalten. Ihnen allen möchte ich hiermit meinen innigsten Dank aussprechen.

Danken möchte ich auch meinem Lektor Karl Mellacher aus Graz, den ich vor sechs Jahren auf einem Campingplatz in Australien kennenlernte. Er ist es, der mir verhalf, diese Geschichte ins Reine zu schreiben und das Buch beim Verlag Book on Demand entstehen zu lassen. Dafür bin ich ihm von ganzem Herzen dankbar.

Ich danke auch meiner Nachbarin Silvia Wittwer und Herrn Rolf Möckli, die mir tatkräftig unter die Arme griffen, wenn ich mit meinem Computer am Anschlag war.

Joel, meinem Enkel, der mir die Karten mit den Routen, die ich gefahren bin, zeichnete, meinen herzlichsten Dank.

Allen anderen, die ich nicht erwähnt habe, mir aber in irgendeiner Form behilflich waren, möchte ich ebenfalls danke sagen.